Natur und Medizin
TAI-JI-QUAN

Natur und Medizin

FOEN TJOENG LIE

Chinesisches Schattenboxen
TAI-JI-QUAN
für geistige und körperliche Harmonie

In derselben Reihe sind erschienen:
„Fußmassage" (Nr. 0714)
„Massage" (Nr. 0750)
„Streß bewältigen durch Entspannung" (Nr. 0834)

Vom selben Autor erschien auch der Titel:
„Chinesische Naturheilverfahren" (Nr. 4247)

ISBN 3 8068 0850 3

© 1987/1989 by Falken-Verlag GmbH, 6272 Niedernhausen/Ts.
Titelbild: Studio Kade, Preßbaum (Österreich)
Fotos: Studio Kade, Preßbaum (Österreich)
Zeichnungen: G. Scholz, Dornburg; Gabriele Hampel, Kelkheim;
Pia Seelbach, Wiesbaden
Die Ratschläge in diesem Buch sind vom Autor und vom Verlag
sorgfältig erwogen und geprüft, dennoch kann eine Garantie nicht
übernommen werden. Eine Haftung des Autors bzw. des Verlages
und seiner Beauftragten für Personen-, Sach- und Vermögens-
schäden ist ausgeschlossen.
Satz: LibroSatz, Kriftel
Druck: Wiesbadener Graphische Betriebe GmbH, Wiesbaden

817 2635 4453

Inhalt

Vorwort	7
Einleitung	8
Bedeutung des Namens Tai-Ji-Quan	8
Entstehung und Entwicklung	9
Verschiedene Schulen des Tai-Ji-Quan	10
Großer Rahmen	10
Mittlerer Rahmen	10
Kleiner Rahmen	10
Chen-Stil	10
Yang-Stil	10
Wu-Stil	11
Sun-Stil	11
Wu-Stil	11
Entwicklung der großen Tai-Ji-Quan-Schulen	13
Wirkung des Tai-Ji-Quan auf den menschlichen Organismus	14
Einflüsse auf das Nervensystem	14
Einflüsse auf das Atmungssystem	16
Einflüsse auf das Kreislaufsystem	16
Einflüsse auf das Verdauungssystem	17
Einflüsse auf den Stoffwechsel	17
Einflüsse auf den Bewegungsapparat	18
Tai-Ji-Quan als Meditation	19
Grundlagen des Tai-Ji-Quan	23
Charakteristika des Tai-Ji-Quan	23
Entspannung und Harmonie	23
Gleichmäßige und fließende Bewegung	23
Runde und natürliche Bewegung	23
Koordination des ganzen Körpers	24
Kriterien für die Ausübung	24
Bewußte Führung	24
Gelassenheit	25
Aufmerksamkeit	25
Entspannung und Kraftaufwand	25
Koordinierung	26
Verlagerung des Körpergewichts und Schwerpunkts	27
Natürliche Atmung	28

Anweisungen zur Körperhaltung _____ 29
    Kopf _____ 29
    Rücken und Brust _____ 29
    Bauch und Lende _____ 30
    Kreuz und Gesäß _____ 30
    Untere Extremitäten _____ 32
    Obere Extremitäten _____ 33
Wichtige Hinweise zur Ausübung des Tai-Ji-Quan _____ 34
    Ausdauer _____ 34
    Gleichmäßige Geschwindigkeit _____ 34
    Gleichmäßige Höhe _____ 35
    Belastungspensum _____ 35

Kurzgefaßtes Tai-Ji-Quan mit 24 Folgen – Peking-Form _____ 36
  1. Folge Der Beginn _____ 37
  2. Folge Die Mähne des Wildpferdes teilen, links und rechts 40
  3. Folge Der weiße Kranich breitet seine Schwingen aus __ 45
  4. Folge Das Knie streifen und der drehende Schritt, links
           und rechts _____ 47
  5. Folge Das Lautenspiel _____ 52
  6. Folge Zurückschreiten und Arme wirbeln, links und rechts 54
  7. Folge Den Spatzen-Schwanz fangen, links _____ 61
  8. Folge Den Spatzen-Schwanz fangen, rechts _____ 68
  9. Folge Die Peitsche _____ 72
10. Folge Die Wolkenhände _____ 75
11. Folge Die Peitsche _____ 79
12. Folge Auf dem Pferd reiten und nach dem Weg fragen 80
13. Folge Der rechte Fersenstoß _____ 82
14. Folge Die Ohren des Gegners mit beiden Fäusten schlagen 85
15. Folge Umdrehen und der linke Fersenstoß _____ 87
16. Folge *Hinuntersteigen und auf einem Bein stehen, links* 91
17. Folge *Hinuntersteigen und auf einem Bein stehen, rechts* 96
18. Folge *Das Webschiffchen schleudern, links und rechts* __ 99
19. Folge Die Nadel auf dem Meeresboden _____ 103
20. Folge Die Arme wie Fächer ausbreiten _____ 104
21. Folge Umdrehen, abwehren und zustoßen _____ 106
22. Folge Verschließen _____ 110
23. Folge Die Hände kreuzen _____ 112
24. Folge Der Abschluß _____ 114
Zusammenfassendes Schrittdiagramm _____ 116

Literatur _____ 118

Register _____ 119

Beilage

Vorwort

Tai-Ji-Quan, oft als „Schattenboxen" bezeichnet, ist eine harmonisierende Bewegungslehre der traditionellen Körperkultur Chinas. Es wird in der westlichen Welt immer bekannter und gewinnt mehr und mehr Anhänger, die *Tai-Ji-Quan* als eine Möglichkeit zur ganzheitlichen Gesundheitsübung, zur Schulung des Körperbewußtseins und zur Meditation praktizieren.

Sicherlich kann kein Buch den Lehrgang bei einem(r) erfahrenen Leiter(in) ersetzen. Aber es kann versuchen – wie dieses Buch –, die Wirkungsweise des *Tai-Ji-Quan* auf Körper und Geist, die grundlegenden Merkmale und Kriterien bei der Ausübung sowie die Form mit den Einzelheiten der Bewegungsabläufe durch viele Fotos so ausführlich und verständlich wie möglich darzustellen. Ich möchte mit diesem Buch den Lesern das Wesen des *Tai-Ji-Quan* vermitteln und den Einstieg ohne Vorkenntnisse leichter machen bzw. ihnen ein Nachschlagwerk für die korrekte Ausführung der Form anbieten.

In diesem Buch wird die durch das Sportkomitee der Volksrepublik China aus dem *Yang-Stil* modifizierte kurze Form mit 24 Folgen, auch „*Peking"-Form* genannt, vorgestellt. Sie ist sowohl in China als auch im Ausland neben dem *Yang-Stil* die am meisten verbreitete. Und die „*Peking"-Form* ist durch die sinnvolle Vereinfachung, die Anmut und Wirkung des *Tai-Ji-Quan* nicht beeinträchtigt, leichter zu erlernen.

In diesem Buch werden die chinesischen Eigennamen und Grundbegriffe mit der *Pin-Yin-Umschrift,* die in der Volksrepublik China seit 1958 eingeführt ist, transkribiert.

Ich danke Frau Brigitte Brunner für die Hilfe bei der Fertigstellung des Skriptes, Herrn Ilia Kaderavek für den unermüdlichen Einsatz und die vielen nützlichen Ratschläge bei der Fertigstellung der Fotos, Frau Dr. med. Helga Berger, Herrn Dr. phil. Michael Singer und Herrn Gerhard Vasicek für die Durchsicht des Textes, die fachlichen Anregungen und die Kritik sowie Dr. Valentino Wulz und vielen anderen, die durch Rat und Tat geholfen haben, dieses Buch zu verwirklichen.

Einleitung

Bedeutung des Namens Tai-Ji-Quan

Tai-Ji-Quan, manchmal auch *Tai-Chi-Chuan* geschrieben und *Schattenboxen* genannt, ist die Bezeichnung für eine Reihe von traditionellen chinesischen Körperübungen, die durch sanfte Bewegungen, harmonische Atmung und geistige Konzentration sowie einen bestimmten philosophischen Hintergrund charakterisiert sind. Auf den Organismus wirken sie kräftigend, beugen Krankheiten vor und weisen meditative Wirkungen auf. Über die Bedeutung des Begriffes *Tai-Ji-Quan* gibt es mehrere Interpretationen:

1. *Tai-Ji* auch *Tai-Chu* bedeutet in der taoistischen Philosophie in etwa den Urzustand vor der Entstehung unseres Kosmos. Es ist der Ursprung von Himmel und Erde, also von *Yin* und *Yang*. *Quan* bedeutet Faust und ist die Bezeichnung für die Kampfkunst mit bloßen Händen; *Tai-Ji-Quan* als Leibesertüchtigung stammt ursprünglich aus der Kampfkunst, und deshalb kann man in vielen Bewegungsfolgen Elemente der Selbstverteidigung wiedererkennen.

    Tai-Ji bedeutet hier in erster Linie das Allererste bzw. das Höchste. Damit soll deutlich gemacht werden, daß es die beste Möglichkeit, die höchste Kunst der Leibesertüchtigung ist. In der Tat kann man durch konsequenten Einsatz von *Tai-Ji-Quan* Krankheiten vorbeugen und behandeln. Die Bewegungsabläufe sind sanft, harmonisch und anmutig, so daß es ein ästhetischer Genuß ist, einer gekonnten *Tai-Ji-Quan-Ausführung* zuzusehen.

2. Beim *Tai-Ji-Quan* wird sehr viel Wert darauf gelegt, daß Belastung und Entlastung der Füße durch das Körpergewicht fließend sind und sorgfältig ausgeführt werden, so daß sich ein übergangsloses Wechselspiel ergibt. Bei der Ausführung bleibt der Oberkörper stets locker und leicht, während der Unterleib und die Beine stets stabil und gefestigt, aber nicht steif zu sein haben. Die wichtigsten Prinzipien des *Tai-Ji-Quan* sind:

    „Das Starke und Harte durch das Schwache und Weiche zu überwinden."

    „Die Wucht von einer Tonne mit einer Unze zurückzuweisen".

    „Anpassung an den Stil des Gegners, um ihn durch seine eigenen Waffen zu schlagen."

    Die Bewegungen des *Tai-Ji-Quan* sind in der Regel bogenförmig, also rund. Dies alles entspricht der *Yin-Yang-Philosophie*. Das *Yin* verkörpert das weibliche, dunkle, weiche und negative Prinzip, während das *Yang* das Gegenteil darstellt, nämlich das männliche, helle, harte und positive Prinzip. Diese beiden Prinzipien werden durch das *Tai-Ji-Symbol*, auch *Tai-Ji-Monade* genannt, wiedergegeben, woraus sich vermutlich die Namensgebung erklärt.

Abb. 1 Tai-Ji-Monade

Entstehung und Entwicklung

Darüber, wer *Tai-Ji-Quan* erfunden bzw. entwickelt hat, gibt es sehr unterschiedliche Ansichten. Eine davon ist, daß der alte taoistische Priester *Zhang San-Feng* auf dem heiligen Berg *Wu-Dang* einen Traum hatte, in dem ihm der legendäre Kaiser *Xuan-Wu* das *Tai-Ji-Quan* vermittelte. Glaubt man dieser Legende, dann ist *Tai-Ji-Quan* ein Geschenk der Götter. Aber nach den zur Zeit verfügbaren historischen Aufzeichnungen muß man davon ausgehen, daß die Familie *Chen* aus der Provinz *He-Nan* das *Tai-Ji-Quan* entwickelt und verbreitet hat, allerdings in einer Form, die von der heutigen etwas abweicht.

Das von *Chen Wang-Ting* (er lebte Ende des 17. Jahrhunderts) überlieferte *Chang-Quan* (langes Boxen) wird nach dem größten Fluß Chinas, dem *Chang-Jiang* (Jangtsekiang), aufgrund seiner dem Fluß gleichenden endlosen Bewegungen benannt. Es besteht aus insgesamt dreizehn Grundformen und wird deshalb auch als *Dreizehn Formen (Shi-San-Shi)* bezeichnet.

Die acht Grundhaltungen für die Hände und die fünf Grundformen für die Körperhaltung („Dreizehn Formen") des *Chang-Quan* haben große Ähnlichkeit mit der Stilrichtung der Kampfkunst des Generals *Qi Ji-Guang* (1528–1587 n. Chr.) aus der Ming-Dynastie. Er hat seine Kampfkunst im *Quan-Jing* („Das Buch des Boxkampfs") dargestellt und angegeben, daß er aus den damals unter dem Volk verbreiteten sechzehn verschiedenen Boxschulen (Familien) durch Zusammenfassung, Selektion und Änderung einen neuen Kampfstil entwickelt hat. Es wird angenommen, daß Entstehung und Entwicklung des *Tai-Ji-Quan* durch den Kampfstil des Generals *Qi* sehr stark beeinflußt wurde.

Wang Zong-Yue (1736–1795 n. Chr.), ein Meister der Kampfkünste, hat in seinem Buch *Tai-Ji-Quan-Lun* (Abhandlung des *Tai-Ji-Quan*) über die Charakteristika dieses neuen Boxstiles geschrieben. Hierbei hebt er unter anderem hervor, daß diese neue Schule eine enge Beziehung zur Philosophie des *Yin* und *Yang* hat, und so gab er als erster der neuen Kampfschule den Namen *Tai-Ji-Quan*. Zu welchem Zeitpunkt die Familie *Chen* diese Bezeichnung übernommen hat, läßt sich heute nicht mehr feststellen. Man weiß aber, daß sich *Tai-Ji-Quan* ab 1850 von der Provinz *He-Nan* aus schnell über ganz China verbreitet hat.

Im letzten Jahrhundert machte das *Tai-Ji-Quan* mehrere große Veränderungen in bezug auf Art und Weise der Ausführung durch. Die meisten explosiven und kraftbetonten Elemente wurden herausgenommen, und übriggeblieben sind die lockeren sanften und anmutigen Teile; *Tai-Ji-Quan* war in der heute noch gültigen Form festgelegt. Somit können nicht nur geübte Boxkämpfer oder Sportler *Tai-Ji-Quan* erlernen, sondern es ist auch Kindern, Greisen und Ungeübten, ja sogar Gebrechlichen zugänglich geworden, und die Bedeutung der Krankheits-Vorbeugung und -Behandlung sowie die gesundheitsfördernde Funktion des *Tai-Ji-Quan* nimmt seitdem allmählich und stetig zu.

Einleitung

Verschiedene Schulen des Tai-Ji-Quan

Inzwischen gibt es viele verschiedene Schulen des *Tai-Ji-Quan*. Untersucht man hiervon die bekanntesten und verbreitetsten nach Bewegungsrahmen und Charakteristik, kann man folgende Unterteilung machen:

Großer Rahmen – Da-Jia

Er zeichnet sich durch folgende Merkmale aus: natürlich und gestreckte Haltungen, langsame, gleichmäßige und fließende Bewegungen sowie schwunghaften Bewegungsablauf mit Ausgewogenheit zwischen Gewandtheit und Standhaftigkeit wie beim *Chen-Stil*, dem *Yang-Stil*, der auch als *Peking-Stil* genannt wird – einer kurzgefaßten Form mit 24 Folgen – und der langen Form des *Tai-Ji-Quan* mit 88 Folgen.

Mittlerer Rahmen – Zhong-Jia

Dieser wird durch gemäßigte Haltung und ausgeprägte Bewegungen charakterisiert, wie beim *Wu-Stil* mit dem chinesischen Zeichen:

Kleiner Rahmen – Xiao-Jia

Die kurze Reichweite der Bewegungen und schnelle, gewandte Bewegungsausführungen sind die typischen Merkmale dieses Rahmens. Man findet sie beim *Sun-Stil* und dem *Wu-Stil* mit dem chinesischen Zeichen:

Geht man nach der Entstehungs- bzw. Entwicklungsgeschichte des *Tai-Ji-Quan* vor, kann man folgende Unterteilung vornehmen:

Chen-Stil
(auch Familie bzw. Form genannt)

Die *Tai-Ji-Schule* der *Chen-Familie* hat die längste Tradition. Die Besonderheiten dieses Stiles sind der fließende Wechsel zwischen Bewegungen mit und ohne Krafteinsatz sowie der fließende Wechsel zwischen plötzlichen Sprüngen und langsame, weiche Bewegungen (wie ein Kampf unter Wasser). Dieser Stil heißt auch *Lao-Jia* (Alter Rahmen). In dieser Schule sind nach Art und Weise der Bewegung alle oben genannten Rahmen vertreten.

Yang-Stil

Dies ist der Stil, der sowohl innerhalb als auch außerhalb Chinas am verbreitetsten ist. Der Begründer dieser Schule, Meister *Yang Lu-Chan*, lernte *Tai-Ji-Quan* beim Meister *Chen Chang-Xing* von der *Chen-Schule*. Er entwickelte aus dem Chen-Stil diesen neuen Stil, den sein

Enkel *Yang Cheng-Fu* weiter verfeinerte und neu ordnete. Der *Yang-Stil* ist charakterisiert durch ruhige, harmonische und weiche, stetig fließende Bewegungen sowie einen wogend-schwingenden Gesamtablauf. Eben deshalb ist er unter den *Tai-Ji-Ausübenden* besonders beliebt. Die *Yang-Schule* trägt auch den Namen *Da-Jia* (Großer Rahmen).

Wu-Stil

Dieser *Wu-Stil* hat das chinesische Zeichen:

Der Begründer *Wu Yu-Xiang* lernte zuerst bei Meister *Yang Lu-Chan* von der *Yang-Schule* und anschließend bei Meister *Chen Qing-Ping* von der Chen-Schule. Er veränderte die Art des *Tai-Ji-Quan* von *Da-Jia* (Großer Rahmen) zu *Xiao-Jia* (Kleiner Rahmen). Der spätere Meister dieser Schule, *Hao Wei-Zhen*, tat am meisten für die Weiterverbreitung dieses Stiles.

Deshalb wird diese *Tai-Ji-Schule* auch *Hao-Stil* genannt. Seine Besonderheit sind gewandte Schritte und flinke Bewegungen mit kurzer Reichweite und fließendem Wechsel von Öffnen und Schließen der Arme sowie die eng miteinander verbundenen Bewegungsabläufe.

Sun-Stil

Die Art dieser Schule entspricht, wie auch bei der *Wu-Schule*, dem *Xiao-Jia* (Kleiner Rahmen). Sie wurde von Meister *Sun Lu-Tang* gegründet, der beim Meister der *Wu-Schule*, *Hao Wei-Zhen*, lernte. Er brachte Elemente aus den anderen Boxkampfkünsten wie *Xing-Yi-Quan* und *Ba-Gua-Quan* hinein und entwickelte damit einen ganz neuen Stil, der durch schnellen, flinken Einsatz von Händen und Füßen sowie harmonischen Wechsel von Vorwärts- und Rückwärtsbewegungen charakterisiert ist. Daher auch der Name *Huo-Bu-Jia* (Rahmen des beschwingten Schrittes).

Wu-Stil

Dieser *Wu-Stil* hat das chinesische Zeichen:

Die Schule wurde von Meister *Quan-You* aus dem Mandschu-Volk und dessen Sohn *Jian-Quan*, der später den chinesischen Familiennamen *Wu* annahm, gegründet. *Quan-You* ist bei *Yang Lu-Chan* und dessen Sohn *Yang Ban-Hou*, beide Vertreter der *Yang-Schule*, sowie bei Meister *Wu Yu-Xiang*, dem Begründer der anderen *Wu-Schule*, in die Lehre gegangen. Dieser *Wu-Stil* ist wie der *Yang-Stil* durch sanfte und harmonische Bewegungen mit fließendem Übergang und gemäßigter Haltung geprägt, was zugleich den Eindruck von Natürlichkeit und Gelassenheit vermittelt. Man nennt diesen *Tai-Ji-Stil Zhong-Jia* (Mittlerer Rahmen).

Diese fünf Stilrichtungen, die aus den verschiedenen Familien bzw. Schulen heraus entstanden sind, bilden die Hauptrichtungen des gesamten *Tai-Ji-Quan-Systems*. Von jeder Stilrichtung gibt es weitere Unterarten, die zwar ihre Besonderheiten haben, sich aber doch ähneln, da sie praktisch miteinander verwandt sind. Ein Schüler der einen Schule kann sich somit relativ leicht die Form einer anderen Schule aneignen, wie es auch bei den verschiedenen Rahmen der Fall ist. Man kann ohne große Mühe das *Tai-Ji-Quan* des *Da-Jia* (Großer Rahmen) in den *Zhong-Jia* (Mittlerer Rahmen) oder in den *Xiao-Jia* (Kleiner Rahmen) umwandeln. Je nach Konstitution, Alter, Zuneigung und Bedarf kann man sich eine der vielen Arten und Schulen aussuchen. Es ist aber ratsam, am Anfang eine einfache Art zu erlernen.

Das nationale Sportkomitee der Volksrepublik China hat 1956 nach den Bedürfnissen der an *Tai-Ji-Quan* interessierten Bevölkerung aus der *Yang-Schule* die kurzgefaßte Form mit 24 Folgen, die sogenannte *Peking-Form*, verfaßt und 1957 die lange Form mit 88 Folgen überarbeitet. Besonders die *kurze Peking-Form* wird nicht nur in China, sondern auch im Ausland gern betrieben, weil sie durch ihre vereinfachten Haltungen und logisch aufbauende Entwicklung des Schwierigkeitsgrades dem Ungeübten keine große Mühe bereitet. Hierbei vermindern sich der Wert der Therapie und die Funktion in Bezug auf die Gesundheitsförderung kaum.

In der folgenden Tabelle werden Verwandtschaft, Weiterentwicklung und wichtige Meister verschiedener *Tai-Ji-Quan-Schulen* dargestellt.

Entwicklung der großen Tai-Ji-Quan-Schulen

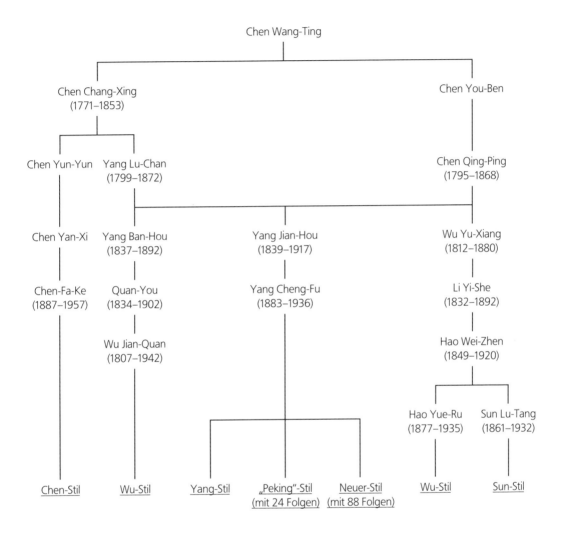

Wirkung des Tai-Ji-Quan auf den menschlichen Organismus

Seit langem ist den Chinesen bekannt, daß man Krankheiten durch körperliche Übungen vorbeugen und behandeln kann. In der ältesten Literatur über chinesische Medizin, dem *Huang-Di Nei-Jing,* einer Abhandlung der inneren Medizin des Gelben Kaisers, wurde über die Behandlung und Vorbeugung von Krankheiten durch *Dao-Yin,* auch *Do-In* geschrieben, berichtet. Hierbei handelt es sich um eine ganz alte chinesische Heilmethode, eine Kombination von Gymnastik und Atmung.

Der berühmte Arzt *Hua-Tuo* hat schon vor 1800 Jahren eine Heil-gymnastik, *Wu-Qin-Xi,* zusammengestellt, die er seinen Patienten zur Kräftigung verordnet hat. Die Gymnastik ist durch das Nachahmen der Bewegungen folgender fünf Tierarten entstanden: Bär, Hirsch, Adler, Tiger und Affe. Er meinte:

„Wenn der Mensch körperlich aktiv ist, dann kann das *Qi* der Ge-treide gut vom Organismus verwertet werden, und der Blutkreislauf kann zügig zirkulieren. Dadurch kann man Krankheiten vermeiden, denn der Mensch ist wie das Scharnier einer Haustür, das durch häufi-gen Gebrauch nicht rostet."

Vor kurzem hat das Forschungsinstitut für Sportmedizin in Peking eine Reihe von Untersuchungen über die medizinische Bedeutung des *Tai-Ji-Quan* durchgeführt. 88 Menschen im Alter von 50 bis 89 Jahren haben daran teilgenommen. 32 Testpersonen hatten langjährige *Tai-Ji-Quan-Erfahrung,* die übrigen keine. Das Ergebnis der Untersuchun-gen zeigte, daß die Menschen, die lange Jahre *Tai-Ji-Quan* ausgeübt hatten, gegenüber den anderen in Bezug auf Konstitution, Herz-Kreis-lauf-Funktion, Atemfunktion, Stoffwechselfunktion und im Knochen-bau in einem besseren Zustand waren. Die verschiedenen Einflüsse des *Tai-Ji-Quan* auf diese Funktionen wollen wir uns im einzelnen an-schauen.

Einflüsse auf das Nervensystem

Das Zentralnervensystem steuert bekanntlich die einzelnen Bewe-gungsabläufe, die Koordinierung verschiedener Bewegungen und das Gleichgewicht. Auch andere Funktionsaktivitäten unseres Organismus werden unter anderem durch Stimulation oder Hemmung der Groß-hirnrinde beeinflußt. Außerdem übernimmt das Nervensystem die Aufgabe der Steuerung und der Koordinierung vielfältiger Funktionen von verschiedenen Organen.

Einflüsse auf das Nervensystem

Ferner nimmt der Mensch mittels seiner Sinnesorgane die Umwelt samt ihren Veränderungen wahr und versucht durch Regulationen, die durch reflektorische Reaktion des Nervensystems ausgelöst werden, sich an die jeweiligen Umweltbedingungen anzupassen.

Bei Ausübung von *Tai-Ji-Quan* wird auf „das ruhige Herz und die Führung durch den Willen" besonders großen Wert gelegt. Dies bedeutet, daß man ruhig und gelassen sein und mit voller geistiger Aufmerksamkeit die Bewegung ausführen soll. Durch diese bewußte Führung können Störfaktoren – wie wirre Gedankengänge – beseitigt werden. Dabei werden die Aktivitäten des Großhirns hauptsächlich auf die motorischen Zentren der Großhirnrinde (d. h. nur auf sehr wenige Areale) konzentriert. Die übrigen Areale der Großhirnrinde werden weitgehend gehemmt. Somit können sie sich während der körperlichen Aktivität erholen. Der Mensch kann sich dadurch von der Ermüdung sehr schnell regenerieren. Gleichzeitig wird die Konzentrationsfähigkeit durch bewußte Lenkung der uneingeschränkten Aufmerksamkeit auf die Abläufe und Koordinierung der *Tai-Ji-Bewegungen* trainiert und so verbessert.

Die Ausführung des *Tai-Ji-Quan* erfordert die Koordinierung verschiedener Körperteile und Organe wie Arme, Rumpf, Beine und Augen. Die einzelnen Bewegungsfolgen müssen flüssig miteinander verbunden werden. Manche Folgen sind aus verschiedenen, recht komplexen Bewegungen zusammengesetzt. Das Ausführen solcher Folgen bedarf auch einer ausgezeichneten Fähigkeit der Koordinierung und Balancierung. Es führt zu einer besseren Aktivierung des Zentralnervensystems und einer besseren Regulierung der Funktionen verschiedener Organe und Systeme.

Tai-Ji-Quan ist eine Körperübung, die die Stimmung aufheitern kann, wobei es gleichgültig ist, ob man die ganze Form oder einige Folgen davon ausführt oder nur das *Tui-Shou* („Handschieben" bzw. „Pushing hands") übt. Man fühlt sich hinterher sowohl körperlich als auch geistig wohl und entspannt. Außerdem wird die körperliche und geistige Reaktionsfähigkeit gesteigert. Der Ausübende erwirbt sich dadurch eine sprudelnde Lebensfrische.

Die psychische Aufheiterung ist ein besonderer Vorteil für die allgemeinen physiologischen Aktivitäten des Organismus. Durch zahlreiche Untersuchungen und Experimente ist erwiesen, daß die aufgeheiterte Stimmung einen besonders stark positiven Einfluß auf die verschiedenen physiologischen Abläufe, wie Gasaustausch, Blutkreislauf u. a. hat. Menschen mit chronischen Erkrankungen können eine positivere allgemeine Einstellung gewinnen. Dies wiederum fördert ihre aktive Zusammenarbeit in der Therapie und ihre Bereitschaft für die Übernahme der Eigenverantwortung und führt im allgemeinen zu einer günstigeren Prognose für die Heilung bzw. die Besserung des Gesamtzustands.

Einflüsse auf das Atmungssystem

Jeder von uns kann selbst die Beobachtung machen, daß die Atmung erschwert oder gar behindert wird, wenn die Brust, der Rücken, die Schultern oder die Arme verspannt sind. Hierbei verhält sich die Stärke der Erschwernis in der Regel proportional zum Schweregrad der Verspannung.

Beim *Tai-Ji-Quan* wird eine bestimmte Körperhaltung, wie locker hängende Schultern, gerade gestellter Kopf, natürlich aufrechter Oberkörper, freie entspannte Brust und die Verlagerung des Bewußtseins auf den *Dan-Tian* im Bauch (siehe S. 28ff.), verlangt. Die üblich angewandte Atmungstechnik ist dabei die Zwerchfellatmung (Bauchatmung). Dabei soll man das Atmen unabhängig von der angewandten Atemtechnik, auf jeden Fall ruhig, tief, langsam, fein, gleichmäßig und sanft sowie im Einklang mit der Bewegung ausführen.

Diese typische Körperhaltung, diese bewußte Atemführung sowie die beruhigenden und harmonisierend wirkenden Bewegungen des *Tai-Ji-Quan* erweitern die Beweglichkeit des Brustkorbs und erhöhen die Elastizität des Lungengewebes. Dadurch werden Durchlüftung (Ventilation) und Gasaustausch der Lunge deutlich verbessert.

Wenn man langfristig *Tai-Ji-Quan* betreibt, wird die Atemfrequenz reduziert, die Lungenkapazität vergrößert und die allgemeine Belastbarkeit erhöht. Nach einer körperlichen Belastung wird man nicht mehr so schnell kurzatmig.

Einflüsse auf das Kreislaufsystem

Über die Wirkungen auf das Nervensystem und durch die Zwerchfellatmung übt *Tai-Ji-Quan* auch einen positiven Einfluß auf den Blutkreislauf aus.

Sein regulatorischer Einfluß auf das Nervensystem, insbesondere auf die Großhirnrinde und den Nervus Vagus, führt dazu, daß die Blutversorgung des Herzens durch die Herzkranzgefäße verbessert wird und daß das Herz kraftvoller kontrahieren kann. Dadurch werden die Funktionstüchtigkeit des Herzens und die Hämodynamik des Blutkreislaufs verbessert.

Gleichzeitig führt die Zwerchfellatmung zu einer ständigen Druckveränderung in der Bauchhöhle. Wenn sich der Druck in der Bauchhöhle erhöht, kann das venöse Blut aus dem Kreislauf besser in die rechte Herzkammer zurückfließen, und während sich der Druck vermindert, kann das arterielle Blut aus der linken Herzkammer vermehrt über die Aorta in den Blutkreislauf hineinströmen. Dadurch wird die Blutzirkulation deutlich verbessert.

Einflüsse auf den Stoffwechsel

Außerdem bewirkt *Tai-Ji-Quan* durch die Entspannung der Gefäß-wände und durch die sanfte Beanspruchung von Muskulatur und Ge-lenken eine allgemeine körperliche und psychische Entspannung. Zu-sätzlich wird dadurch der Blutdruck gesenkt und die Lymphzirkulation beschleunigt.

Dies alles stellt eine enorme Arbeitsentlastung des Herzens dar. Des-halb haben Menschen mit langjähriger *Tai-Ji-Erfahrung* eine bessere Herzfunktion, weniger Hypertonie (Bluthochdruck) und seltener Arte-riosklerose (Verkalkung) als Vergleichspersonen ohne *Tai-Ji-Erfahrung*.

Einflüsse auf das Verdauungssystem

Die Aktivierung und Regulierung des Zentralnervensystems und des vegetativen Nervensystems durch *Tai-Ji-Quan* (siehe S. 14f.) bewirken unter anderem auch eine Funktionsbesserung des Verdauungssy-stems. Die Peristaltik (Darmbeweglichkeit), die Sekretion (Ausschei-dung von Magen- und Gallensäften) und die Resorption (Aufnahme-fähigkeit der Dünndarm- und Dickdarmschleimhaut) des gesamten Verdauungssystems werden dadurch verbessert.

Außerdem bewirkt die Zwerchfellatmung eine mechanische Stimu-lierung im Sinne der „Selbstmassage" auf den Verdauungstrakt. Gleich-zeitig wird der Blutkreislauf verschiedener innerer Organe verbessert (siehe S. 16f.). Auch dies ermöglicht zusätzlich eine bessere Verdau-ungsfunktion.

Deswegen kann *Tai-Ji-Quan* zur Behandlung und Vorbeugung ge-gen viele Funktionsstörungen der Verdauungsorgane, wie Völlegefühl im Magen, Appetitlosigkeit, Malabsorption (Störung des Nahrungs-stofftransportes von Darmlumen) und Opstipation (Verstopfung), ein-gesetzt werden.

Einflüsse auf den Stoffwechsel

Es gibt zur Zeit noch relativ wenig Forschungsberichte über den Einfluß des *Tai-Ji-Quan* auf die Stoffwechselfunktion. Aber auf Grund klini-scher Beobachtungen kann man ziemlich sicher sagen, daß der Stoff-wechsel von Fett, Eiweiß, Kohlenhydraten, Kalium, Kalzium und Phos-phat durch *Tai-Ji-Quan* positiv beeinflußt werden kann.

Ähnlich wie beim Verdauungssystem spielt hier auch die positive Be-einflussung der Bereiche des Nervensystems, die eine Funktionsregu-lierung der verschiedenen Organe hervorrufen, eine wesentliche Rolle. Hinzu kommt noch, daß die Zwerchfellatmung eine Verbesserung der

Durchblutung und der Funktionsaktivität von Leber, Niere und Neben-
niere bewirkt. Ferner trägt die körperliche Aktivierung durch die sanften und harmonisierenden Bewegungen des *Tai-Ji-Quan* zu einer
Funktionsbesserung des Stoffwechsels im allgemeinen bei.

Schon die Ausübung von *Tai-Ji-Quan* über einige Monate bewirkt
eine deutliche Verminderung der Konzentration des Globulins und des
Cholesterols im Blut, während sich die Eiweißkonzentration erhöht.
Dies kann sicherlich als Vorteil für die Behandlung und Vorbeugung
von Arteriosklerose angesehen werden.

Einflüsse auf den Bewegungsapparat

Bei Ausübung von *Tai-Ji-Quan* wird die Wirbelsäule gerade gehalten,
das Becken leicht nach vorne und oben gedreht (siehe S. 30ff.). Dadurch stehen die Lendenwirbel mehr oder weniger senkrecht auf dem
Kreuzbein. Sehr viele Bewegungen des *Tai-Ji-Quan* kommen aus dem
Kreuz und schließen die Lendenwirbelsäule mit ein.

Diese besondere Haltung der gesamten Wirbelsäule und die Art und
Weise der Bewegung wirken sich positiv auf Form und Funktion der
Wirbelsäule aus. Deshalb kommen bei Menschen mit langjähriger *Tai-
Ji-Erfahrung* seltener Verformungen der Wirbelsäule, wie Lordose
(Hohlkreuz), Skoliose (Krümmung zur Seite) oder Kyphose (Krümmung
nach hinten) sowie altersbedingte Rundrücken vor.

Ein weiteres typisches Merkmal des *Tai-Ji-Quan,* nämlich die sanften, fließenden und kreisenden bzw. runden Bewegungen, beanspru-
chen verschiedene Muskeln in so hohem Maße (ohne Anstrengung),
daß sie auch im Laufe der Jahre stark, geschmeidig und elastisch
bleiben bzw. werden.

Auch die Knochen werden durch diese Muskelarbeit positiv beeinflußt. Die Blutversorgung und der Stoffwechselumsatz der Knochen
werden verbessert bzw. stärker stimuliert, was durch die verbesserte
Verdauungs- und Stoffwechselfunktion des Organismus unterstützt
wird (siehe S. 17). Die Knochen bleiben stabil, weil unter anderem der
Kalziumeinbau in den Knochen verstärkt wird.

Die Gelenke werden zusammen mit den umliegenden Muskeln und
Bändern durch die typischen Bewegungen des *Tai-Ji-Quan* optimal
trainiert. Die Gelenke werden durch diese Aktivierung stabil, bleiben
aber elastisch und geschmeidig.

Tai-Ji-Quan als Meditation

Bei der Meditation versucht man, einen Zustand, der möglichst frei von Gedanken ist, zu erreichen. In diesem Zustand der vertieften Ruhe und gedanklichen Leere verschafft man sich die Möglichkeit für die schöpferisch geistige Leistung – das sich Erkennen und das sinnliche Betrachten. So öffnet sich der Weg für die Erweiterung des Bewußtseins, die Vertiefung des Gedankens und die klare Intuition.

Das Streben – ein Zustand zu erreichen, der möglichst frei von Gedanken ist – ist auch ein Gedankenprozeß. Diese Parodoxie entspricht ganz den *Yin-Yang-Prinzipien* der taoistischen Philosophie; der Zustand von der gedanklichen Leere ist das *Yin* (passives Prinzip), und der Gedankenprozeß ist das *Yang* (aktives Prinzip). Das *Yin* und das *Yang* bedingen sich gegenseitig, stehen aber in einem unterschiedlichen Verhältnis zueinander, je nach Zeitpunkt der Betrachtung. Im *Yin* ist auch ein gewisser Anteil vom *Yang* vorhanden: Selbst in einem vertieften Ruhezustand der Meditation *(Yin)* muß man unter anderem die Atmung bewußt führen und die Aufmerksamkeit (das Herabsenken des *Qi*) auf das *Dan-Tian* konzentrieren *(Yang)*. Andererseits ist im *Yang* auch stets ein Teil vom *Yin* enthalten: Um die oben genannten Aktivitäten sinngemäß auszuführen *(Yang)*, braucht man Ruhe und Gelassenheit *(Yin)*.

Schon wenn nur eins dieser beiden Prinzipien völlig vernichtet ist, kann kein Leben existieren. Ebenso kann man sich kaum das Denken verbieten, solange man lebt. Ob bewußt oder unbewußt, Gedanken kommen immerfort. Um einen Zustand während der Meditation, der relativ frei von wirren Gedanken ist, zu erreichen, sollte man die Existenz der Gedanken zuerst akzeptieren. Nur wenn man ihnen Raum in seinem Bewußtsein einräumt, wirken sie nicht mehr störend. Sie werden oft von alleine vergehen.

Die Wirkung des *Tai-Ji-Quan* als Meditation beruht in erster Linie darin, daß der Mensch durch die konzentrierte Ausübung von *Tai-Ji-Quan* – die bewußte Führung der Bewegung und Atmung sowie das Herabsenken des *Qi* auf das *Dan-Tian* im Unterleib (siehe S. 28) – eine der Voraussetzungen für die Meditation schafft, nämlich die Abschaltung der Störfaktoren von Außen und Innen.

Andere Merkmale des *Tai-Ji-Quan,* wie das Loslassen und die entspannte, aber aufrechte Haltung des Körpers, die sanfte Bewegung und die richtige Atmung (siehe S. 24, 28), stellen weitere begünstigende Faktoren für die Meditation dar. Die typische Körperhaltung mit aufgerichteter Wirbelsäule und leicht gebeugten Knien, die für viele anfänglich sehr ungewöhnlich ist, ist jedoch körpergerecht. Sie führt nach der Anpassungsphase die körperliche Entspannung herbei. Das Lockerlassen der Gelenke und Muskeln, kurzum das Loslassen des ganzen Körpers und die richtige Atmung sowie die sanfte runde Bewegungsart vermitteln dem *Tai-Ji-Ausübenden* Wohlgefühle, die für die Seele beruhigend und erholend wirken. Die geistige und die körperliche Entspannung verschaffen einen Zustand der ganzheitlichen Harmonie.

Dadurch wirkt das *Tai-Ji-Quan* trotz körperlicher Aktivität – ja vielleicht gerade deshalb – fördernd auf die Fähigkeit zur gedanklichen Versenkung, dem In-sich-Hineinschauen und dem Mit-sich-Einswerden. Um diese Wirkung zu erzielen, muß man neben den üblichen Voraussetzungen für die Meditation, wie einen ruhigen Ort, frische Luft, angenehmes Lichtverhältnis, lockere Kleidung usw., auf jeden Fall die Form des *Tai-Ji-Quan,* gleichgültig welche es ist, korrekt ausführen können. Dazu gehören:

● die richtige Körperhaltung
● die sanfte runde Bewegung
● die aufeinander abgestimmte Koordinierung verschiedener Körperteile
● die ausdrucksvollen Figuren
● der fließende Übergang zwischen Belastung und Entlastung des Körpergewichts sowie zwischen den nacheinander folgenden Figuren bzw. Folgen
● die bewußte Führung der Bewegungen
● die richtige Atmung
● das Versenken des *Qi* ins *Dan-Tian.*

Hier gilt, genau wie bei anderen Meditationsarten, daß man die vertiefte Stille in sich erst erreichen kann, wenn die Meditation selbst – hier die Ausführung der Form – keine Anstrengung mehr bedeutet. Je besser die Form beherrscht wird, desto müheloser ist es für den Ausübenden, und um so leichter ist es auch, diese innere Stille in der Bewegung als Ziel zu erreichen. Es bedarf ohne Zweifel einer enormen Fleißarbeit über Monate oder gar Jahre, bis man die Form korrekt ausführen kann. Der Weg zum Ziel ist lang und mühsam. Wenn man den Weg geht, rückt das Ziel, wie fern es auch immer sein mag, mit jedem Schritt näher und näher. Der Weg selbst ist das Ziel.

Die Fleißarbeit wird sich auszahlen. Wenn man die Form geduldig und gelassen übt, kann man sie im Laufe der Zeit immer korrekter ausführen. Auch wenn die höchste Perfektion kaum zu erreichen ist, werden mit jeder weiteren Übung Körperhaltung, Bewegung und bewußte Führung von Bewegung, Atmung und *Qi* stets besser.

Höchste Vollendung scheint
unvollkommen zu sein,
doch ihre Anwendung ist
unerschöpflich.

Größte Fülle scheint leer zu sein,
doch ihre Brauchbarkeit ist
unendlich.

Größte Aufrichtigkeit scheint
krumm zu sein,
beste Geschicklichkeit scheint
unbeholfen zu sein und
schlagkräftigste Redekunst scheint
schwerfällig zu sein.

Ruhe überwindet Durcheinander,
Kälte überwindet Hitze.
Ruhe und Gelassenheit sind Vorbild
für uns alle.

(Tao-Te-King, Kapitel 45)

Mit der besseren Beherrschung der Form werden die Figuren mehr und mehr an Ausdruck gewinnen. Erst in diesem Stadium kann der geistige Inhalt des *Tai-Ji-Quan* voll entfaltet werden. Dadurch begreift und spürt man am eigenen Körper das *Ying-Yang-Prinzip* und das Versenken des *Qi* ins *Dan-Tian*. Eben in der Form des *Tai-Ji-Quan* kann man sich den Sinn des *Yin-Yang-Prinzips*:

● Belasten und Entlasten
● Nehmen und Geben
● Weiche und Härte
● Zurückziehen und Vorwärtsgehen
● Ausweichen und Angreifen
● Nachgeben und Zulangen

begreiflich machen. Genauso ist es mit dem Herabsenken und der Bewahrung des *Qi* im *Dan-Tian*. Den Versuch, das ganze Bewußtsein *(Qi)* in der Mitte unseres Körpers, nämlich im *Dan-Tian*, zu behalten, bedeutet auch zugleich das Suchen nach geistiger und seelischer Balance. Dies bezeichnen die Chinesen unter anderem auch als das Gleichgewicht zwischen *Yin* und *Yang*, also die Harmonie im Körper und in der Seele – die Ausgewogenheit der menschlichen Ganzheit.

Meditation soll aber nicht bedeuten, daß wir uns von der Welt, in der wir leben, zurückziehen, sondern sie soll vielmehr als eine Möglichkeit der Selbstfindung angesehen werden, um in dieser Welt das bewußte Leben und das menschliche Dasein zu verwirklichen. Das *Yin-Yang-Prinzip* und die eigene Mitte, welche man bei der Meditation durch *Tai-Ji-Quan* gewonnen hat, soll man auch im Alltagsleben praktizieren. Nur dann kann man das im Inneren des Menschen Gewonnene (das *Yin*) mit dem, was man in der Welt außerhalb des Körpers tut (das *Yang*), in Einklang bringen. Durch die Meditation wird das *Yin* gestärkt, und durch die praktische Anwendung wird das *Yang* gefestigt. Die Harmonie zwischen diesem *Yin* (innere Erkenntnisse) und diesem *Yang* (das Tun und Lassen im Leben) ermöglicht dann auch eine stabile Mitte des ganzen Menschen. Dies entspricht ganz dem *Dao*. Hierunter versteht die taoistische Philosophie den wirklichen Weg des Menschseins.

Wenn die Seele und der Körper
miteinander harmonisch vereint sind,
kannst Du dann das eine vom
anderen trennen?

Wenn Du durch Hingabe die völlige
Stille in Deinem Inneren erreicht hast,
kannst Du Dich dann wie ein
neugeborenes Kind verhalten?

Wenn Du alle wirren Gedanken
aufgeräumt hast und mit Dir im Reinen bist,
kannst Du dann ohne Makel sein?

Wenn Du das Volk liebst und dem
Land zu Diensten stehst,
kannst Du dann zum Nicht-Handeln fähig sein?

Wenn Du Deine Umwelt durch Deine
fünf Sinne wahrnimmst,
kannst Du dann teilnahmslos bleiben?

Wenn Du mit allen Dingen Deiner
Mitmenschen vertraut bist und für
sie offen bist,
kannst Du dann unberührt bleiben?

(Tao-Te-King, Kapitel 10)

Grundlagen des Tai-Ji-Quan

Charakteristika des Tai-Ji-Quan

Im großen und ganzen kann man *Tai-Ji-Quan* durch folgende Punkte charakterisieren:

Entspannung und Harmonie

Der Körper nimmt beim *Tai-Ji-Quan* eine stabile, aber entspannte Haltung ein. Die einzelnen Bewegungen werden harmonisch, nicht steif oder stockend, ausgeführt. Mit wenigen Ausnahmen braucht man dabei keine plötzliche Haltungsänderung oder heftigen Sprünge zu machen. Dadurch entspricht es praktisch der physiologischen Eigenschaft des Organismus.

Nach einer oder zwei Runden *Tai-Ji-Quan* treten außer leichtem Schwitzen nur selten Kurzatmigkeit oder andere Zeichen einer Überanstrengung auf. Man fühlt sich im Gegenteil danach körperlich wohl und seelisch erheitert.

Deshalb eignet sich *Tai-Ji-Quan* recht gut zum Training des Organismus für alle Menschen, unabhängig von Alter, Geschlecht und Konstitution. Besonders für Menschen mit chronischer Krankheit oder geschwächtem Organismus bietet sich *Tai-Ji-Quan* als eine hervorragende Trainingsmöglichkeit an.

Gleichmäßige und fließende Bewegung

Alle Bewegungen des *Tai-Ji-Quan*, vom Anfang bis zum Ende einer Übungsfolge, sind ununterbrochen miteinander verbunden. Sie folgen fließend nacheinander und stellen somit eine zusammenhängende Bewegung dar. Auch wenn dabei Änderungen der Haltung oder Verlagerungen des Körpergewichts vollzogen werden und Übergänge zwischen zwei nacheinanderfolgenden Folgen vorhanden sind, ist trotzdem an keiner Stelle ein Stillstand der Bewegung sichtbar.

Wenn man *Tai-Ji-Quan* korrekt vorführt, sind die Bewegungen gleichmäßig, und sie folgen harmonisch aufeinander. Es sieht aus wie schwebende Wolken und unendlich fließendes Wasser.

Runde und natürliche Bewegung

Im Gegensatz zu anderen Selbstverteidigungskünsten vermeidet man beim *Tai-Ji-Quan* gradlinige Bewegungen. Es werden vor allem mit den Armen bogenförmige Bewegungen bevorzugt. Dies stimmt mit der natürlichen Beweglichkeit menschlicher Gelenke überein. Durch solche bogenförmige Bewegungen ergibt sich nicht nur eine für *Tai-Ji-Quan* typische Bewegungsform, sondern alle Gelenke und Körperteile können auf natürliche Weise trainiert und weiterentwickelt werden.

Koordination des ganzen Körpers

Gleichgültig, ob man eine ganze Form des *Tai-Ji-Quan* oder nur einen Teil davon ausführt, müssen die verschiedenen Bestandteile, aus denen sich *Tai-Ji-Quan* zusammensetzt, reibungslos koordiniert werden. Die einzelnen Bewegungen der Arme müssen mit denen der Beine abgestimmt sein. Die bewußte Führung (der Geist) einerseits und die tiefe Atmung sowie die Bewegungen des Körpers andererseits müssen miteinander eine Einheit bilden.

Außerdem gehen die Bewegungen der Arme und der Beine vom Rumpf (Schulter und Kreuz) aus, und gleichzeitig müssen sie, wie ein Reißverschluß aufeinander passend, reagieren. Dies bedeutet, daß die Bewegungen der Arme und der Beine synchron bleiben, da sie sonst steif und stockend würden.

Kriterien für die Ausübung

Aus den im vorherigen Kapitel genannten Charakteristika des *Tai-Ji-Quan* ergeben sich folgende Kriterien, die man bei der Ausführung beachten muß:

Bewußte Führung

Alle Bewegungen des Körpers, mit Ausnahme der reflektorischen Reaktionen, werden vom Bewußtsein gesteuert. Das ist auch beim gesamten Bewegungsprozeß des *Tai-Ji-Quan* so. Dabei spielt nicht nur die Konzentrationsfähigkeit, sondern auch das Vorstellungsvermögen eine wichtige Rolle. Hierzu folgendes Beispiel:

Bei *dem Beginn* (Qi-Shi), der 1. Folge der *Peking-Form*, werden beide Arme allmählich nach vorne in Schulterhöhe geführt. Dabei darf man die Arme nicht gestreckt bewegen, vielmehr stellt man sich die Bewegung der Arme zuerst bildlich vor und führt sie danach langsam und locker aus (siehe S. 37). Auch andere Bewegungen sollte man zuerst mental durchführen, bevor man die Bewegungen tatsächlich ausführt.

Der typische Bewegungsfluß des *Tai-Ji-Quan* kann nur zustande kommen, wenn sich diese bewußte Führung auch im Fluß befindet. Daher sagt man:

„Der Geist (das Bewußtsein) leitet den Körper" bzw.

„Wenn der Gedanke in Gang ist, folgt der Körper."

Um diesen Anspruch zu erfüllen, muß man auf folgende zwei Punkte achten:

Kriterien für die Ausübung

Gelassenheit

Schon bei der Ausgangsstellung des *Tai-Ji-Quan* muß man ruhig und voll konzentriert sein. Man darf sich gedanklich nicht mehr mit anderen Dingen beschäftigen. Nun prüft man in Ruhe:
● ob die Haltung des Kopfes und des Rumpfes richtig ist
● ob die Schulter und die Arme locker sind
● ob die Atmung frei und fließend ist.

Erst wenn diese Voraussetzungen erfüllt sind, fängt man mit dem *Tai-Ji-Quan* an. Dies ist eine wesentliche Vorbereitung, damit die Ruhe in den ganzen Bewegungen durchgehend integriert wird.

Nur wenn man sich Zeit nimmt und ruhig bleibt, kann man die notwendige Konzentration erreichen und die einzelnen Bewegungen ganz bewußt bis ins Detail durchführen. Ist dies nicht der Fall, besteht die Gefahr, daß man die Bewegungen ungleichmäßig bzw. falsch macht und die Reihenfolge durcheinander bringt. Deswegen sagt man:

„Die Ruhe lenkt die Bewegung."
„Bei der Aktion behält man die Ruhe."

Aufmerksamkeit

Neben der Gelassenheit und Ruhe muß man beim *Tai-Ji-Quan* seine Aufmerksamkeit völlig auf die Vorstellung und Ausführung der Bewegung richten und mit voller Konzentration und zielbewußt üben. Auf keinen Fall darf man während der Übung an andere Dinge denken oder ziel- und gedankenlos herumschauen. Anfangs vergißt man leicht diese wichtige, leitende Bewußtseinsführung, und läßt sich dadurch ablenken, daß man allzusehr mit Einzelheiten und Koordinierung der Bewegungen beschäftigt ist. Nachdem man geduldig und lang genug geübt hat, nähert man sich allmählich dem Zustand, in dem das Bewußtsein den Körper dirigiert und in dem die gedankliche Vorstellung mit der tatsächlichen Bewegung in Einklang steht.

Entspannung und Kraftaufwand

Beim *Tai-Ji-Quan* soll der ganze Mensch entspannt sein. Hierunter versteht man nicht Haltlosigkeit oder Schlaffheit, sondern es werden vielmehr die Muskeln und Gelenke möglichst locker und entspannt gelassen, während sich der Körper bewegt, um eine bestimmte Haltung einzunehmen. Die Bewegungen sind weder steif noch schwerfällig und sollen nicht ins Stocken geraten. Die Wirbelsäule steht ganz natürlich gerade, d.h. nicht extrem überstreckt, damit sich Kopf, Rumpf, Arme und Beine in natürlicher Weise entspannen und frei bewegen können. Dabei richtet man den Oberkörper gerade, aber bequem auf; auf keinen Fall darf man ihn nach vorne oder hinten beugen bzw. nach links und rechts neigen.

Hierzu soll man nur so viel Kraft aufwenden, wie sie zur korrekten und stabilen Haltung des Körpers gerade notwendig ist. Diese richtig dosierte Kraft nennt man *Jing* („regelrechte Kraft" bzw. „innere Kraft"). Auch wenn die Arme bogenförmig bewegt und die Beine zu einem bestimmten Winkel gebeugt werden, bleibt der ganze Körper, bis auf die im Moment beanspruchten Teile, möglichst locker.

Sicherlich ist die Dosierung der *Jing-Kraft* am Anfang recht schwierig. Es empfiehlt sich daher zuerst auf die Lockerung des ganzen Körpers zu achten, damit sämtliche Muskeln und Gelenke frei beweglich sind.

Anschließend führt man dann die Bewegungen mit möglichst wenig Kraftaufwand aus. So lernt man nach und nach die notwendige *Jing-Kraft* passend zu dosieren. Wenn man sie beherrscht, kann man die Bewegungen weicher und runder ausführen, die Folgen fließender miteinander verbinden und die verschiedenen Teile des Körpers besser koordinieren.

Koordinierung

Tai-Ji-Quan ist eine Übung des gesamten Organismus. Die bewußte geistige Aktivität, die die ganzen Bewegungsabläufe aufmerksam steuert (siehe S. 24ff.) und die exakt abgestimmten Bewegungen der verschiedenen Körperteile tragen dazu bei, daß der gesamte Organismus – die Psyche und das Soma – trainiert wird.

Die harmonische Koordinierung der verschiedenen Körperteile bei den Bewegungen, die die physiologischen Gegebenheiten und Möglichkeiten des Menschen voll integrieren, führt nicht nur zu einer besseren Funktionsfähigkeit des Körpers, sondern auch zu einem körperlichen Wohlbefinden. Dies wiederum fördert unter anderem auch die heitere Stimmung, das psychische Gleichgewicht (siehe S. 14). Deshalb betont man beim *Tai-Ji-Quan* auch so sehr die harmonische Koordinierung der verschiedenen Körperteile.

Harmonische Koordinierung heißt, daß ein Körperteil, z. B. die Arme, einem anderen, z. B. den Beinen folgt, sobald der eine oder der andere in Aktion tritt. Sie führen praktisch einen übereinstimmenden Bewegungsdialog. Daher sagt man:

„Wenn sich ein Teil des Körpers in Bewegung befindet, bleiben die restlichen Teile nicht in einem Stillstand" und

„Der ganze Körper wird von den Beinen über das Kreuz zu den Armen in einem Atemzug bewegt."

Von Anfang an sollte man versuchen, alle Bewegungen aus dem Kreuz bzw. Unterleib *(Dan-Tian)* zu steuern und die Extremitäten durch den Körperstamm zu führen. Es erweist sich als vorteilhaft, wenn man am Anfang nicht versucht, die ganze Form – also von der ersten bis zur letzten Folge – nachzuahmen. Man sollte ruhig erst einmal einzelne Figuren, wie *der Beginn* oder *die Wolkenhände* üben, damit man lernt, die Extremitäten mit dem Rumpf zu koordinieren. Danach kann man weitere Schritte wie Reiter- oder Schützestellung, die Verlagerung des

Körpergewichts und das Wechseln der Schritte üben. So kann man einen stabilen Stand erreichen und lernt die Schritte zu beherrschen.

Anschließend übt man die Folgen der Reihe nach, um die Schritte, die Drehung des Körpers und die Handbewegungen miteinander synchron abzustimmen. Auf diese Weise kann man allmählich die Teile des Körpers miteinander koordinieren, den ganzen Körper optimal trainieren und gleichmäßig entwickeln.

Beim *Tai-Ji-Quan* achtet man sehr auf die gleichmäßige Verteilung des Körpergewichts und einen stabilen Stand. Denn beides spielt eine Schlüsselrolle bei einer Änderung der Haltung zur Himmelsrichtung und des Standorts. Es muß klar sein, welches Bein das Körpergewicht überwiegend trägt (chinesisch: *Shi* = „Fülle" bzw. „voll") und welches es kaum trägt (chinesisch: *Xü* = „Leere" bzw. „leer"). Aber das Gewicht sollte von einem auf das andere Bein stufenlos verlagert werden. Wenn die Unterscheidung zwischen *Fülle* und *Leere* der Beine nicht klar ist, und wenn der Übergang der Gewichtsverlagerung nicht fließend ist, dann führt dies dazu, daß man keinen stabilen Stand bekommt und sich wackelig und linkisch bewegt.

Beim *Tai-Ji-Quan* pflegt man zu sagen:

„Man schreitet wie eine Katze und bewegt die Hände wie beim Ziehen eines Seidenfadens aus dem Kokon."

Das beschreibt, wie gewandt und stabil man die Schritte macht und wie geschickt und präzise man Hände und Arme bewegt. Man achtet zuerst genau auf die Verteilung und Verlagerung des Körpergewichts, damit der Körper in Balance bleibt und sich die Glieder ruhig und gleichmäßig bewegen. Denn wenn man die Balance verliert, kann man nicht stabil stehen, geschweige denn sich gewandt und präzise bewegen.

Gleichgültig, wie schwierig und komplex eine Bewegung des *Tai-Ji-Quan* ist, sollte man sich zuerst in einen stabilen und gleichzeitig entspannten Zustand bringen. Das ist, was man beim *Tai-Ji-Quan* mit den Grundvoraussetzungen „Mitte, aufrecht, ruhig und bequem" meint. Hierzu einige Beispiele:

● Vor der Drehung des Körpers muß man zuerst gerade und stabil stehen.

● Bei Vorwärts- oder Rückwärtsbewegungen muß man zuerst den Fuß auf den Boden stellen und dann den Schwerpunkt des Körpers verlagern.

Andere Kriterien der Körperhaltung, wie herabhängende Schulter, Loslassen des Kreuzes und der Hüfte (siehe S. 30f.) und die tiefe Bauchatmung (siehe S. 28) helfen auch, den Schwerpunkt des Körpers zu stabilisieren. Wenn man diese Kriterien beachtet, wird man mit der Zeit nicht mehr unruhig und steif sein.

Verlagerung des Körpergewichts und Schwerpunkts

Natürliche Atmung

Beim *Tai-Ji-Quan* wird eine ruhige tiefe Bauchatmung angestrebt. Dabei atmet man tief in den Bauch *(Dan-Tian)* hinein und ganz aus dem Bauch heraus. Sicherlich kann man die Atemluft nicht in die Bauchhöhle hineindrängen. Gemeint ist vielmehr, das Zwerchfell während der Einatmung so tief wie möglich, aber ohne Anstrengung, in den Bauchraum herunter zu lassen und bei der Ausatmung so hoch wie möglich in den Brustkorb hinauf zu heben. Dabei verfolgt der Gedanke die Bewegungen des Zwerchfells während der Ein- und Ausatmung.

Das ist, was man beim *Tai-Ji-Quan* mit „das *Qi* in das *Dan-Tian* herab führen" meint. Diese tiefe Bauchatmung stimuliert außer den inneren Organen auch das vegetative Nervensystem, so daß man nach einer gewissen Zeit ein kribbeliges, prickelndes, warmes und wohltuendes *Qi-Gefühl* im Unterleib spüren kann.

Die Atemzüge koordinieren sich auf natürliche Weise mit den Bewegungen des Körpers. So atmet man zum Beispiel beim Aufstehen ein und beim Hinsetzen aus; man atmet ein, wenn man die Arme auseinanderbreitet und atmet aus, wenn man die Arme zusammenführt; man atmet ein, wenn man die Arme zum Körper zurückzieht und atmet aus, wenn man die Arme ausstreckt.

Aber viel wichtiger ist, daß die Atmung ruhig und natürlich ist, also nicht forciert und nicht extrem verlangsamt betätigt werden muß. Anfangs sollte man zuerst auf diese ruhige und natürliche Atmung achten und nicht gleich die etwas anspruchsvollere Bauchatmung versuchen. (Es sei denn, daß man mit dieser Atemtechnik schon vertraut ist.) Es genügt vorerst, die Atmung so zu belassen wie gewohnt; man atmet so ein und aus, wie es der Körper von sich selbst aus tut und greift nicht in die Atemtätigkeit ein. Der Körper ist selbst in der Lage, intuitiv für jeweilige Bedürfnisse richtig zu atmen.

Erst wenn man mit der Bewegungsform vertraut ist, kann man mit der ruhigen tiefen Bauchatmung beginnen. Die Übereinstimmung zwischen den Atemzügen und den Bewegungen wird nicht stur und mechanistisch erzwungen. Vielmehr wird sie nach den jeweiligen physiologischen Bedürfnissen sowie den persönlichen Erfahrungen und Fähigkeiten bzw. Entwicklungsstadien beim *Tai-Ji-Quan* abgestimmt. Selbst innerhalb einer Bewegung muß man die Ein- und Ausatmung manchmal variieren. Wenn man diese physiologische Gesetzmäßigkeit mißachtet, können Störungen, wie Kurzatmigkeit, Seitenstiche und Herzklopfen oder Disharmonie der Bewegung, auftreten.

Die oben genannten Kriterien sind nicht voneinander zu trennen, da sie in engem Zusammenhang stehen. Ist man beispielsweise innerlich unruhig, dann kann man sich nicht konzentrieren; infolgedessen kann der Geist die Bewegungen nicht führen, und die Bewegung ist nicht mehr rund und fließend. Dies führt dazu, daß man die Verlagerung des Gewichts nicht beherrscht und dadurch die Balance verliert; der Körper wird angespannt, die Koordinierung des ganzen Körpers wird gestört, und man kann nicht mehr ganz natürlich atmen.

Anweisungen zur Körperhaltung

Beim *Tai-Ji-Quan* wird der Kopf aufrecht, aber natürlich gehalten. Diese aufrechte Haltung des Kopfes ist sehr wichtig, denn sie führt dazu, daß der Rumpf, der mit dem Kopf durch die Wirbelsäule eine Einheit bildet, ebenfalls gerade steht. Dabei bleiben die Muskeln des Hals-Nacken-Bereichs ganz locker. Der Kopf darf jedoch nicht haltlos wackeln, und auf keinen Fall darf er seitwärts geneigt, vorwärts gebeugt oder rückwärts gestreckt werden. Man sollte sich ruhig vorstellen, daß man einen leichten Gegenstand mit dem Kopf nach oben drückt. Man benutzt so viel Kraft, daß der Kopf gerade aufrecht gehalten wird, also *Jing-Kraft* (siehe S. 25f.). Dies ist, was man beim *Tai-Ji-Quan* mit „den Kopf aufhängen" und „die Scheitel hochtragen" meint.

Kopf

Der Kopf soll stets mit der Änderung der Position und Richtung des Körpers sowie mit der Drehung des Rumpfes im Einklang bewegt werden. Das ganze Gesicht ist dabei natürlich und entspannt. Das Kinn wird ein wenig angezogen, und der Mund wird ganz natürlich geschlossen gehalten; die Zähne liegen locker aufeinander, und die Zungenspitze wird ganz leicht an den Gaumen (knapp oberhalb des Oberkiefer-Gebisses) angelegt. Dabei wird vermehrt Speichel ausgesondert, den man schluckweise einnehmen soll.

Man blickt im allgemeinen friedlich nach vorne in die Ferne, wobei der Blick nicht steif und geistlos, sondern weit ist und man die Umgebung (links und rechts sowie oben und unten) gleichzeitig wahrnimmt, auch wenn man in eine bestimmte Richtung schaut. Ansonsten bewegt sich der Blick analog der Bewegung der Hände oder der Richtung des Körpers. Am Ende einer Figur bzw. eines Bewegungsablaufs richtet man den Blick in der Regel wieder nach vorne. Mit dem Ohr soll man die Umgebung (auch hinter dem Rücken) in Ruhe und passiv wahrnehmen. Trotz der Wahrnehmung der Umgebung widmet man aber die volle Aufmerksamkeit dem *Tai-Ji-Quan* und bleibt immer ruhig und entspannt.

Der Rücken wird beim *Tai-Ji-Quan* natürlich aufrecht gehalten, und die Brust bleibt ganz entspannt und frei. Dabei darf die Brust weder besonders herausgestreckt noch eingezogen werden: Man steht ganz normal aufrecht. Wichtig ist, daß man eine natürliche, entspannte Haltung einnimmt, die die Atmung nicht behindert und die Schulter nicht versperrt. Man muß den Brustkorb frei ausdehnen, das Zwerchfell ungehindert auf- und abbewegen können, und die beiden Schultern müssen locker herabhängen und in alle Richtungen frei beweglich sein.

Rücken und Brust

Das ist, was man beim *Tai-Ji-Quan* unter „die Brust zurückhalten und den Rücken gerade ziehen" versteht. Hier darf man unter dem Begriff „die Brust zurückhalten" nicht „die Brust zurück- bzw. hineinziehen" verstehen. Das chinesische Wort für „zurückhalten" ist *Han;* es hat eine Bedeutung von „im Begriff aufgehende bzw. sich öffnende Knospe". D. h., die Brust ist zwar zurückgehalten, aber sie kann sich ungehindert in jedem Moment entfalten. Diese natürliche Haltung des Oberkörpers sollte während der ganzen *Tai-Ji-Quan*-Übung beibehalten werden.

Bauch und Lende

Wenn man eine körpergerechte Haltung beim Gehen, Stehen, Sitzen und Liegen einhalten möchte, übernimmt die Lendenwirbelsäule hierbei eine steuernde Aufgabe. Man sagt auch: „Die Lendenwirbelsäule ist der Herrscher des ganzen Körpers" und „Sie ist die Achse der Bewegung."

Daher ist es besonders wichtig, eine richtige Haltung der Lendenwirbelsäule einzunehmen, damit man während der Ausübung gerade, bequem und stabil, aber trotzdem entspannt bleiben kann.

Bei allen Bewegungen, ob Vorwärts- oder Rückwärtsgehen, Drehen oder Gewichtsverlagerung, muß man die Lendenwirbelsäule ganz bewußt locker lassen, damit sie frei von jeglicher Spannung und ungehindert beweglich bleibt. So hilft sie auch, den Schwerpunkt des Körpers zu balancieren, so daß man die Beine sicher, aber rund und stabil bewegen kann.

Um dies zu erreichen, muß man die Lendenwirbelsäule zusammen mit der Brustwirbelsäule mehr oder weniger in eine senkrechte Linie bringen, als ob man die ganze Wirbelsäule mit dem Kopf durch einen starken Faden in die Höhe ziehen würde. Ist die Lendenwirbelsäule gerade, dann ist die zentrale Bewegungsachse des Körpers auch stabil, man kann die *Tai-Ji-Bewegungen* in alle Himmelsrichtungen tadellos ausführen, und der Körper bleibt dabei stets natürlich aufrecht.

Die Bauchmuskeln sollen entspannt sein, damit man die Zwerchfell- bzw. die Bauchatmung ungehindert ausführen kann. Dabei soll man die Atmung imaginär in die Tiefe zum *Dan-Tian* (er liegt ungefähr drei Finger breit unterhalb des Bauchnabels) führen. Dies aber ohne besonderen Kraftaufwand, damit man die Aufmerksamkeit dort konzentrieren und das Körpergefühl wahrnehmen kann (siehe S. 21, 28).

Kreuz und Gesäß

Das Gesäß ist in normaler Haltung etwas nach hinten geneigt (siehe Abb. 2 und Abb. 3). Wenn es zu weit rückwärts gestreckt wird, wird die Lendenwirbelsäule eine zwangsläufige, übermäßige Krümmung nach vorne einnehmen (siehe Abb. 4). Dadurch kann der Rumpf nicht mehr gerade bleiben, die Hüften werden steif, und die Beine werden in ihren Bewegungsmöglichkeiten eingeschränkt.

Um die oben genannte Fehlhaltung zu vermeiden, soll man beim *Tai-Ji-Quan* das Gesäß einfach locker nach unten sinken lassen, so, wie man mit entspanntem und geradem Rücken auf einem Stuhl oder einem Pferd sitzt. Gewöhnlich wird das Kreuz dabei leicht nach vorne

Anweisungen zur Körperhaltung

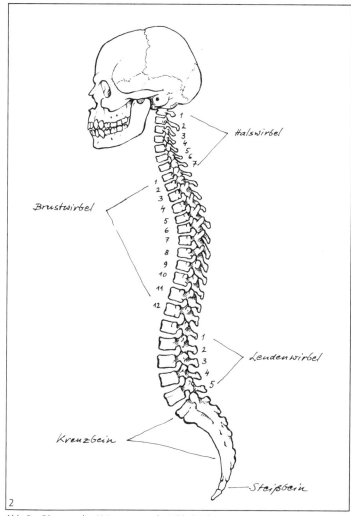

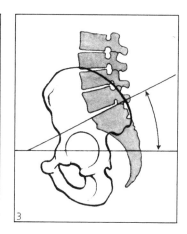

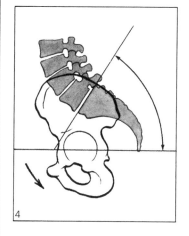

Abb. 2 Die normalen Krümmungen der Wirbelsäule
Abb. 3 Die normale Stellung der Lendenwirbeln auf dem Kreuzbein.
Abb. 4 Die übermäßige Rückwärts-Streckung des Kreuzbeins.
Abb. 5 Das senkrecht gestellte Kreuzbein beim Tai-Ji-Quan.

und oben gedreht (die Hüften bleiben dabei locker). Dadurch steht die Lendenwirbelsäule praktisch senkrecht und mit gleichmäßiger Verteilung der Gewichtsbelastung auf dem Kreuzbein, was zusätzlich eine Entlastung für die einzelnen Wirbelkörper und Bandscheiben bedeutet (siehe Abb. 5).

Ähnlich wie bei der Geradehaltung des Kopfes darf auch hier keine unnötige und übermäßige Kraft benutzt werden, da dies sonst eher zu Verspannungen und Steifheit führen würde.

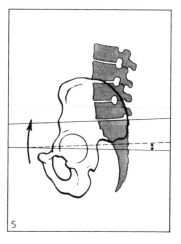

Grundlagen des Tai-Ji-Quan

Untere Extremitäten

Beim *Tai-Ji-Quan* bilden die Beine die Grundlage für die Stabilität des Körpers, für den Wechsel der Schritte und für das Hantieren mit der natürlichen inneren *Jing-Kraft*. Deswegen muß man das Verlagern des Gewichts von einem auf das andere Bein, die Beugung und die Position der Beine besonders beachten. In der Schule des *Tai-Ji-Quan* und auch in der Kampfkunst sagt man: „Die Figuren haben ihre Wurzel in den Füßen; sie entspringen aus den Beinen, werden von dem Kreuz gesteuert und machen sich (in ihrem Ausdruck) in den Händen sichtbar."

Dies bedeutet: Ob eine *Tai-Ji-Figur* in ihrer Form und in ihrem inhaltlichen Ausdruck gelingt, hängt davon ab, ob die Haltung der Beine richtig ist. Man kann daran sehen, wie wichtig hier die Beinarbeit ist.

Als allererstes müssen Hüften und Knie ganz locker sein. Trotzdem sollen sie eine gewisse Stabilität vermitteln, damit die Beine nicht wackelig werden. Diese lockeren und freien, aber stabilen Hüft- und Kniegelenke ermöglichen eine geschickte, weiche, aber sichere Beinarbeit. Das Abheben und Aufsetzen der Füße muß leicht, gewandt und lebendig sein. Beim Vorwärtsgehen muß zuerst die Ferse, beim Rückwärtsgehen müssen zuerst die Zehen aufgesetzt werden.

Am Anfang des Erlernens von *Tai-Ji-Quan* hat man das Gefühl, daß man nicht auf Arme und Beine gleichzeitig achten kann. Viele konzentrieren sich deswegen auf die Bewegungen der Arme und Hände und vernachlässigen dadurch die Beine, so daß die Figur bzw. die ganze Form falsch ausgeführt wird. Man muß nicht nur die Arbeit der Arme und Hände, sondern genauso die Arbeit der Beine und Füße beachten. Unter Umständen kann man Arme und Beine getrennt, ja sogar zuerst nur die Beine üben.

Man muß die einzelnen Haltungen bzw. Schritte genau erlernen und die Wichtigkeit der Beinbewegungen für die Formung einer Figur und für die Haltungsänderung innerhalb einer Figur bzw. deren Wechsel erkennen. Mit Ausnahme von den Figuren *der Beginn, der Abschluß* und *die Hände kreuzen*, bei denen das Körpergewicht auf beide Füße gleichmäßig verteilt ist, muß man auf die Belastung der Füße achten. Man muß klar auseinanderhalten, welcher Fuß durch das Körpergewicht voll *(Fülle)* und welcher kaum belastet wird *(Leere)*. Oft muß aber auch der leere Fuß einen Teil des Körpergewichts (ungefähr ein Zehntel bis ein Achtel) stützen. So wird der vordere Fuß beim *leeren Schritt* (wie in der 3. Folge *der weiße Kranich breitet seine Schwingen aus*) und der hintere Fuß bei der *Schützestellung* (wie in der 2. Folge in *die Mähne des Wildpferdes teilen*) ebenfalls nur leicht belastet. Die Be- und Entlastung eines Fußes soll zwar deutlich durchgeführt werden, darf aber nicht so weit führen, daß die Bewegungen der Beine schwerfällig und steif werden. Korrekt ausgeführte Gewichtsverteilung kann nicht nur die notwendige Stabilität des Körpers sichern und gewandten

Schrittwechsel ermöglichen, sondern gibt den Beinen auch die Gelegenheit, die Gewichtsbelastung abwechselnd zu tragen. Dadurch verkrampfen die Beinmuskeln nicht so schnell und ermüden langsamer. Bei allen Schritten, die man beim *Tai-Ji-Quan* macht, soll man ruhig bleiben und sich genügend Zeit nehmen. Auf jeden Fall soll man erst einmal den Körper ausbalancieren und dann die Bewegungen ruhig und überlegt ausführen.

Obere Extremitäten

Beim *Tai-Ji-Quan* sagt man:

„Die Schultern hängen herab, und die Ellenbogen sind locker gebeugt."

Gemeint ist damit, daß diese beiden Gelenke stets locker und frei sein sollen, damit die Bewegungen sanft und rund werden. Die beiden Gelenke hängen miteinander zusammen; wenn die Schultern locker herunterhängen, sollen auch die Ellenbogen locker bleiben. Dabei soll man die Schulter nicht nur absenken, sondern auch bewußt leicht nach außen bringen (auf jeden Fall nicht nach innen zum Körper drücken), damit man keine hochgestellten Schultern bekommt.

Die Hände und Handgelenke müssen ebenfalls locker und frei sein, was aber keine Haltungslosigkeit bedeuten soll. Wenn man die Hände zum Körper zurückzieht, läßt man diese ganz leicht nach vorne geneigt. Schiebt man die Hände nach vorne, soll man die Handgelenke leicht nach unten fallen lassen und die Hände etwas (nicht ganz) zurückstrekken. Dabei bleiben Hände und Handgelenke locker und die Finger ganz natürlich. Die Hände soll man auch ganz ruhig, entspannt und gleichmäßig drehen, und die Fäuste nur locker (nicht fest) schließen.

Die Bewegungen der Hände, der Arme und der Schultern sind miteinander verbunden. Wenn man die Hände zu weit nach vorne schiebt, werden die Arme ausgestreckt; dadurch kann man das Kriterium *die Schultern hängen herab und die Ellenbogen sind locker gebeugt* nicht erfüllen. Wenn man die Schultern allzusehr absenkt und die Ellenbogen allzuweit beugt, werden die Hände nicht weit genug vorgeschoben, wodurch die Arme zu stark angewinkelt sind. Kurzum: die Hände und die Arme werden nur ganz leicht gebeugt, und die Bewegung der Hände (Vorschieben und Zurückziehen) wird nicht zu weit (zum toten Punkt) geführt. Nur so sind die Hand- und Armbewegungen korrekt:

● natürlich und gewandt
● weich und rund
● leicht, aber nicht flüchtig
● stabil, aber nicht steif.

Sie behalten ihre eigene Kontur und bilden gleichzeitig miteinander einen ununterbrochenen Fluß.

Wichtige Hinweise zur Ausübung des Tai-Ji-Quan

Wie bereits erwähnt, kann dieses Buch keinen *Tai-Ji-Lehrgang* ersetzen. Sollte es aber keine Möglichkeit zur Teilnahme an einem solchen Kurs geben, ist es ratsam, mit mehreren Interessenten zusammen in einer Gruppe zu arbeiten. Dadurch kann man nicht nur voneinander lernen und eventuelle Probleme gemeinsam lösen, sondern auch besser am „Ball" bleiben und nicht wegen irgendwelchen Schwierigkeiten zu schnell das „Handtuch" werfen. Außerdem macht es mehr Spaß und es ist geselliger, in einer Gruppe das *Tai-Ji-Quan* zu üben.

Neben den in den vorangegangenen Kapiteln dargestellten Hinweisen über Körperhaltung, Atmung, bewußte Führung, Koordinierung usw. sollte man noch die nachfolgenden Kriterien beachten.

Ausdauer

Wie bei anderen Lehrgängen auch, braucht man beim Erlernen des *Tai-Ji-Quan* Ausdauer. Neben der Unterrichtsstunde bzw. der Gruppenarbeit sollte man nach Möglichkeit versuchen, jeden Tag etwas zu üben. Zum Beispiel vor und nach der Arbeit oder frühmorgens und spätnachmittags, an einem ruhigen Platz in frischer Luft, wie in einer Parkanlage, einem Garten, einer Wiese, am Flußufer oder in einem ruhigen Raum. Auch wenn man die vollständige Form schon gelernt hat, soll man diese weiterhin regelmäßig üben. In der deutschen Sprache gibt es ein zutreffendes geflügeltes Wort:

„Übung macht den Meister."

Perfektion ist zwar kaum erreichbar, aber durch die regelmäßige Übung kann man das Niveau allmählich erhöhen und das *Tai-Ji-Quan* korrekt ausführen. Die Grundvoraussetzung für *Tai-Ji-Quan* ist unter anderem, daß man es in der äußeren Form korrekt betreibt.

Es ist nicht wichtig, so schnell und so viel wie möglich auf einmal zu lernen. Vielmehr soll man Wert darauf legen, sich Zeit zu lassen und schrittweise – wie ein Baby das Gehen – zu lernen. Hat man bestimmte Schritte, bestimmte Armbewegungen, eine bestimmte Figur oder Teile davon noch nicht verstanden oder beherrscht diese noch nicht, dann soll man vorerst nicht noch zusätzlich etwas Neues probieren, sondern soll erst einmal an dieser Figur weiterüben, bis man auch den schwierigsten Teil davon beherrscht. Erst dann geht man in seinem Programm weiter.

Gleichmäßige Geschwindigkeit

Tai-Ji-Quan soll man langsam und gleichmäßig ausführen. Gerade durch langsame Bewegungen kann man die einzelnen Elemente genau erlernen und nach und nach beherrschen. Von Anfang an soll man sich an ein gleichmäßiges Tempo gewöhnen; das *Tai-Ji-Quan* soll man von der ersten bis zu der letzten Folge, mit Ausnahme weniger Stellen, mit gleicher Geschwindigkeit ausüben. Bei zügigem Tempo dauert der ganze Satz der kurzgefaßten *Peking-Form* etwa 5–6 Minuten, bei langsamem Tempo etwa 7–9 Minuten.

Gleichmäßige Höhe

Die Höhe des Körpers soll man schon bei der 1. Folge *der Beginn* durch Beugen der Knie bestimmen. Diese Höhe soll man dann die ganze Zeit in etwa beibehalten, mit Ausnahme beim Herabsteigen in der 16. und 17. Folge. Für Anfänger und Menschen mit schwächerer Konstitution ist es ratsam, die Knie nicht allzu tief vorzubeugen, weil es sehr anstrengend sein kann. Später, nachdem sich der Körper daran gewöhnt hat und besser trainiert ist, kann man die Übungen mit etwas niedrigerer Körperhöhe versuchen.

Belastungspensum

Tai-Ji-Quan ist nicht vergleichbar mit gewöhnlichen Sportarten oder Körperübungen, die relativ hohe körperliche Belastungen mit sich bringen. Es beinhaltet trotzdem ein bestimmtes Belastungspensum, weil man Arme und Beine mit leicht gebeugter Haltung bewegen muß. Vor allem die Belastung für die Beine kann besonders am Anfang recht hoch sein – was sich durch Muskelkater bemerkbar macht –, weil man das ganze Körpergewicht, bedingt durch Gewichtsverlagerung, oft mit einem gebeugten Bein tragen muß. Durch regelmäßiges Üben (eventuell mit etwas verkürzter Übungsdauer) werden die Beine mit der Zeit kräftiger und die Beschwerden verschwinden von alleine (siehe S. 32).

Wie lang und wie häufig man *Tai-Ji-Quan* übt, hängt neben der Motivation noch von der jeweiligen Konstitution und den sonstigen körperlichen Alltagsbelastungen ab. Normal gesunde Menschen können ohne weiteres täglich mehrmals je eine halbe Stunde üben. Ältere und körpergeschwächte Menschen müssen sich an ihrer eigenen Belastbarkeit orientieren. Wenn man sich nach der Übung unwohl fühlt (schwindelig, schlaff, matt und schweißgebadet oder kurzatmig), der Puls nach der Übung mehr als 20 Schläge pro Minute höher als vor der Übung ist, und wenn es nicht an falscher Atmung und allzu hoher Geschwindigkeit liegt, dann liegt hier mit großer Wahrscheinlichkeit eine Überbelastung vor. In diesem Fall muß man das Belastungspensum entsprechend reduzieren. Man kann die Übungszeit verkürzen, indem man nur einige Figuren der Übungsfolge übt, oder beugt die Beine weniger stark, wodurch man etwas höher steht. Es ist besser mäßig, aber regelmäßig zu üben. Denn übereifriges Üben und übermäßige Belastung können der Gesundheit eher schaden als nutzen. Menschen mit chronischen Erkrankungen sollten auf jeden Fall vorher mit ihrem Arzt über ihre Belastbarkeit sprechen und darüber, ob *Tai-Ji-Quan* ausgeübt werden kann und wie hoch das Belastungspensum sein darf.

Kurzgefaßtes Tai-Ji-Quan
mit 24 Folgen – Peking-Form

Das kurzgefaßte *Tai-Ji-Quan* mit 24 Folgen wurde vom Nationalsport-komitee der Volksrepublik China im Jahre 1956 aus den verschiedenen *Tai-Ji-Formen*, insbesondere aus dem Yang-Stil, heraus überarbeitet und neu zusammengestellt. Dabei wurden übermäßige Wiederholun-gen herausgenommen und die Bewegungsfolgen unter Berücksichti-gung des Schwierigkeitsgrades logisch aufgestellt. Durch die Konzen-trierung der wesentlichen Strukturen und Techniken sowie den logi-schen Aufbau läßt sich das *Tai-Ji-Quan* leichter erlernen, verstehen und beherrschen.

Anmerkung

- Wenn bei der Beschreibung von verschiedenen Bewegungen das Wort *gleichzeitig* gebraucht wird, müssen Sie die Bewegungen unabhängig von der Reihenfolge der Beschreibungen, stets zu-sammen und geschlossen, also zeitgleich ausführen.
- Die Richtungsangabe geht immer vom Übenden aus.
- Die Richtung ihm gegenüber wird stets als *vorne*, hinter ihm stets als *hinten*, links von ihm stets als *links* und rechts von ihm stets als *rechts* bezeichnet.
- Am Anfang steht man mit dem Gesicht gegen Süden gerichtet oder man stellt sich einfach vor, daß man mit dem Gesicht nach Süden steht, wenn es auf Grund räumlicher Verhältnisse nicht anders geht.
- Bei der Beschreibung der Folgen wird die Himmelsrichtung als zusätzliche Orientierungshilfe angegeben.

Bevor es nun richtig losgeht, sollten Sie sich die Abbildung auf Seite 116 anschauen. Hier erhalten Sie einen Überblick über die gesamte Peking-Form anhand des Schrittdiagramms. Dies hilft einmal dem Anfänger, sich besser im Raum zu orientieren, und für die Fortgeschrit-tenen stellt es eine wertvolle Hilfe bei der Durchführung der gesamten Form dar.

Ein Beilagenposter mit einer Zusammenfassung der gesamten Übungsfolgen bietet wertvolle Hilfe, wenn man die Abfolge der Bewe-gungen mit einem Blick erfassen will.

Abb. 6　　　　　　Abb. 7

1. Folge

Der Beginn
Qi-Shi

1. Schritt

Ausgehend von der normalen Stehhaltung, bei der die Füße dicht beieinander stehen (Abb. 6), stellt man den rechten Fuß in Schulterbreite aus. Dabei steht man mit lockeren Knien aufrecht und richtet die Fußspitzen nach vorne.

Die Arme und Hände läßt man neben dem Körper locker hängen, dabei zeigen die Handflächen etwas nach innen (mehr oder weniger zum Oberschenkel).

Man schaut nach vorne.

Anmerkung

Den Kopf und den Hals hält man aufrecht, und die Kinnspitze zieht man etwas ein.

Auf keinen Fall darf die Brust herausgestreckt, der Bauch hineingezogen und die Schultern hochgetragen werden.

Der ganze Körper soll entspannt und der Geist muß wachsam und konzentriert sein.

Um die Drehung des Körpers beim Übergang zur 2. Folge zu erleichtern, können die Fußspitzen schon jetzt etwas nach innen gestellt werden. Maßgebend für den schulterbreiten Abstand der beiden Füße ist die Entfernung der beiden Fersen.

Kurzgefaßtes Tai-Ji-Quan

Abb. 8

Abb. 9

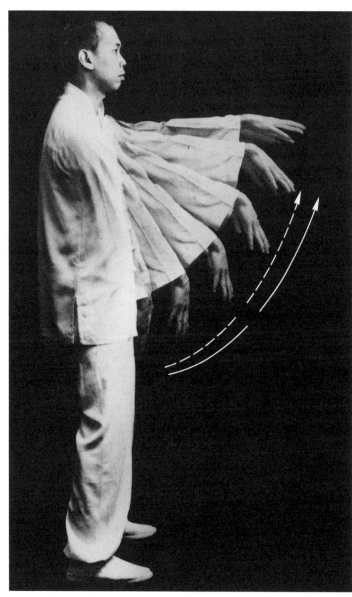

Abb. 10

2. Schritt

Man führt die Hände bis in Schulterhöhe nach oben, dabei bleiben die Handgelenke ganz locker, und die Arme werden gestreckt. Die Handflächen zeigen zum Boden. Die beiden Hände bleiben in Schulterbreite auseinander.

1. Folge

Abb. 12

Abb. 11

Die Knie werden langsam gebeugt, und der Oberkörper wird weiter aufrecht gehalten. Dadurch bildet man die *Reitstellung;* gleichzeitig läßt man die Hände ganz sanft herunterfallen. Dabei werden die Handgelenke etwas nach unten (in die Tiefe) gedrückt und die Ellenbogen so weit gebeugt, bis die Unterarme waagerecht zum Boden kommen. Jetzt befinden sich die Ellenbogen mehr oder weniger über den Knien, und die Handflächen zeigen nach unten. Man schaut geradeaus.

3. Schritt

Kurzgefaßtes Tai-Ji-Quan

Anmerkung

Die Schultern werden nicht hochgezogen, die Ellenbogen und die Handgelenke bleiben locker; die Finger bleiben in ihrer natürlichen Stellung.

Während man die Knie beugt, entspannt man die Lenden und Hüften; das Kreuz bzw. das Gesäß streckt man nicht nach hinten.

Der Schwerpunkt des Körpers befindet sich zwischen den Beinen; d. h. das gesamte Körpergewicht ist auf beide Füße gleichmäßig verteilt. Die Bewegungen der Arme und der Beine müssen gleichzeitig und harmonisch ausgeführt werden; d. h. das Heruntersenken der Hände muß mit dem Beugen der Knie in Einklang stehen.

2. Folge

Die Mähne des Wildpferdes teilen, links und rechts
Zuo-You Ye-Ma Fen-Zong

Abb. 13

Abb. 14

1. Schritt

Man dreht den Körper ganz leicht nach rechts und verlagert das Körpergewicht voll auf den rechten Fuß. Gleichzeitig bewegt man die rechte Hand bogenförmig nach oben, bis in Brusthöhe und die linke Hand bogenförmig nach unten vor den Bauch, unterhalb des Nabels. Die Handflächen zeigen zueinander, und die beiden Ellenbogen hängen locker herab und sind dabei mäßig gebeugt, als ob man einen großen Ball halten wolle *(Ballhaltung)*.

Den linken Fuß stellt man mit der Spitze neben den rechten und schaut nun auf die rechte Hand.

Anmerkung

Die Hände sollen nicht zu nah zum Körper gebracht werden, da die Ellenbogen sonst zu weit gebeugt werden und die Haltung der Arme nicht mehr rund ist.

2. Folge

Abb. 15

Abb. 16

Abb. 17

Abb. 18

2. Schritt

Man dreht den Körper langsam zur linken Seite zurück, bis er nach Osten zeigt. Gleichzeitig schiebt man den linken Fuß nach vorne links. Nun verlagert man das Körpergewicht auf den linken Fuß, beugt dabei das linke Knie und streckt gleichzeitig das rechte Bein locker vor. So bildet man eine *linke Schützestellung*.

Gleichzeitig zu der Drehung des Körpers nach links bewegt man die linke Hand nach oben und die rechte Hand bogenförmig nach unten, bis die linke Hand in Augenhöhe und die rechte neben die rechte Hüfte kommt. Dabei sind die beiden Ellenbogen leicht gebeugt. Die linke Handfläche zeigt zum Gesicht und etwas schräg nach oben, und die rechte Hand zeigt mit den Fingern nach vorne und mit der Handfläche zum Boden.

Kurzgefaßtes Tai-Ji-Quan

Abb. 19

Abb. 20

Abb. 21

3. Schritt

Nun verlagert man das Gewicht langsam auf den rechten Fuß zurück, als ob man sich hinsetzen wolle, hebt die linke Fußspitze an und dreht sie um etwa 45° nach links außen. Dann setzt man den ganzen Fuß wieder zum Boden ab. Nun beugt man das linke Knie und streckt das rechte Bein locker aus, verlagert damit das Gewicht wieder mehr nach vorne auf den linken Fuß und bildet damit wieder die *linke Schützestellung*.

Dann dreht man den Körper weiter nach links, bis der linke Fuß mit dem ganzen Körpergewicht belastet wird.

Gleichzeitig bewegt man die linke Hand bis auf die Brusthöhe und dreht die Hand, als ob man etwas zudecken wolle. Die rechte Hand wendet man bogenförmig vor den Bauch unterhalb des Nabels, als ob man etwas auffangen wolle. Nun zeigen die Handflächen wieder zueinander, die beiden Ellenbogen bleiben locker gebeugt, und man bildet damit wieder die *Ballhaltung*.

Jetzt zieht man den rechten Fuß mit der Spitze neben den linken und schaut auf die linke Hand.

2. Folge

Abb. 22

Abb. 23

Abb. 24

Abb. 25

Man dreht den Körper nach rechts zurück, bis er wieder nach Osten zeigt.

Währenddessen macht man einen Schritt mit dem rechten Fuß nach rechts vorne, dann beugt man das rechte Knie, streckt locker das linke Bein und bringt damit das Körpergewicht auf den rechten Fuß, wodurch man die *rechte Schützestellung* bildet.

Gleichzeitig bewegt man die rechte Hand bis in Augenhöhe nach oben (die Handfläche zeigt zum Gesicht und ein bißchen schräg nach oben) und die linke Hand neben die linke Hüfte nach unten (die Handfläche zeigt nach unten zum Boden und die Handspitze nach vorne) (siehe Abb. 23). Beide Ellenbogen sind leicht gebeugt.

Man schaut jetzt auf die rechte Hand.

4. Schritt

43

Kurzgefaßtes Tai-Ji-Quan

Abb. 26

Abb. 27

Abb. 28

<u>5. Schritt</u>   Diese Bewegung ist die gleiche wie beim 3. Schritt, nur seitenverkehrt.

<u>6. Schritt</u>   Diese Bewegung ist die gleiche wie beim 4. Schritt, nur seitenverkehrt.

Abb. 29

Abb. 30

Abb. 31

<u>Anmerkung</u>   Den Oberkörper hält man während der ganzen Folge stets aufrecht, die Brust läßt man frei entspannt und die Schultern locker hängen. Die Arme werden bogenförmig bewegt und nie voll gestreckt! Bei Drehungen des Körpers bildet die Lendenwirbelsäule die Drehachse.

Bei Bildung der *Schützestellung* und *Teilung der Mähne* müssen dann, wenn man einen Schritt vorgeht und das Knie beugt sowie die Hände auseinander nimmt, die Bewegungen der Arme und Beine aufeinander abgestimmt und mit gleichmäßiger Geschwindigkeit ausgeführt werden. Bei der *Schützestellung* soll man beim Schreiten nach vorne zuerst mit der Ferse auf den Boden aufsetzen und dann langsam die ganze Fußsohle. Dabei zeigt die Fußspitze nach vorne, das gebeugte Knie soll nicht über die Fußspitze vorragen. Das hintere Bein soll man locker strecken, wobei das Knie aber nicht durchgestreckt wird. Die beiden Füße stehen in einem Winkel von etwa 45–60° zueinander. Ist dies nicht der Fall, korrigiert man dies durch Drehung der Ferse des hinteren Fußes! Die beiden Fersen dürfen bei der *Schützestellung* nicht auf einer Linie stehen, sondern sie müssen links und rechts von der Mittellinie der Körperachse stehen! Die beiden Fersen müssen einen Abstand bis zu 30 cm bzw. einer Fußlänge (siehe Abb. 32) zueinander haben.

Bei der Schlußstellung dieser Folge steht der Körper in Richtung Osten.

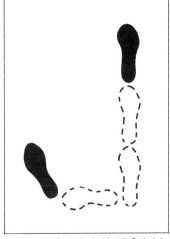

Abb. 32 Stellung der beiden Füße bei der rechten Schützestellung

Abb. 33

3. Folge

Der weiße Kranich breitet seine Schwingen aus
Bai-He Liang-Chi

1. Schritt

Man dreht den Oberkörper leicht nach links, belastet den linken Fuß voll und macht mit dem rechten Fuß einen halben Schritt vor.

Gleichzeitig bringt man die linke Hand vor die Brust und dreht diese dabei so, als ob man etwas mit der Hand zudecken wolle. Die rechte Hand führt man vor den Bauch unter dem Nabel und dreht sie so, daß die Handfläche nach oben zeigt, als ob man mit der Hand etwas auffangen solle. Ellenbogen und Handgelenke sind locker, wodurch wieder die *Ballhaltung* entsteht.

Abb. 34   Abb. 35   Abb. 36

2. Schritt

Jetzt verlagert man das ganze Gewicht auf den rechten Fuß und dreht dabei den Oberkörper nach rechts zurück.

Die Hände bilden weiterhin die *Ballhaltung*, und man schaut jetzt auf seine rechte Hand. Den linken Fuß bringt man jetzt von der Seite nach vorne und stellt ihn mit der Fußspitze ganz leicht auf dem Boden ab; dadurch macht man einen linken *leeren Schritt*.

Gleichzeitig dreht man den Oberkörper wieder ein wenig nach links zurück, führt die linke Hand neben die linke Hüfte hinunter und hebt die rechte Hand nach oben vor die rechte Schläfe. Dabei zeigen die Fingerspitzen der linken Hand nach vorne und die Handfläche nach unten. Die rechte Hand zeigt mit den Fingerspitzen nach oben und die Handfläche nach innen.

Während die rechte Hand nach oben vor die rechte Schläfe geführt wird, schaut man weiter auf sie. Bei der Schlußstellung dieser Folge schaut man geradeaus (siehe Abb. 36).

Anmerkung

Das Verlagern des Körpergewichts auf den rechten Fuß und das Ausbreiten der *Kranichschwingen*, d. h. Herunterlassen der linken Hand neben die linke Hüfte und Hochheben der rechten Hand vor die rechte Schläfe, müssen miteinander im Einklang stehen.

Nach Fertigstellung dieser Folge wird die Brust nicht vorgestreckt, die Arme bleiben locker gebeugt, das linke Bein wird nicht durchgestreckt, das rechte Bein bleibt weiter gebeugt und trägt das volle Körpergewicht.

4. Folge

Das Knie streifen und der kreisende Schritt, links und rechts
Zuo-You Lou-Xi Niu-Bu

Abb. 37

Abb. 38

Abb. 39

Man dreht den Oberkörper zuerst etwas nach links, dann nach rechts und stellt den linken Fuß mit der Spitze neben den rechten.
    Gleichzeitig bewegt man die linke Hand kreisend von unten bis zur rechten Brust nach oben und richtet die Handfläche schräg nach unten. Die rechte Hand bewegt man vor dem Körper von oben nach unten. Von hier aus wieder seitwärts kreisend neben dem Körper bis in Ohrhöhe nach oben und hinten. Die Handfläche zeigt schräg nach oben.
    Man schaut zuerst die linke und dann die rechte Hand an.

1. Schritt

Kurzgefaßtes Tai-Ji-Quan

Abb. 40

Abb. 41

Abb. 42

2. Schritt

Nun dreht man den Oberkörper nach links und macht einen Schritt nach vorne links, um eine *Schützestellung* einzuleiten.

Gleichzeitig geht die linke Hand kreisend von innen nach außen über dem linken Knie vorbei bis neben die linke Hüfte. Die rechte Hand zieht am rechten Ohr vorbei und schiebt sich in Nasenhöhe nach vorne. Die linke Handfläche zeigt nach unten und die Fingerspitzen nach vorne. Die rechte Handfläche zeigt nach vorne, die Fingerspitze nach oben.

Dabei beugt man das linke Knie nach vorne, verlagert das Gewicht mehr auf den linken Fuß und streckt das rechte Bein locker.

Man schaut auf die rechte Fingerspitze.

3. Schritt

Abb. 43

Abb. 44

Abb. 45

Jetzt beugt man langsam das rechte Knie und verlagert das Gewicht ganz auf den rechten Fuß, hebt die Spitze des linken Fußes etwas an, dreht sie nach links und setzt die ganze Fußsohle langsam auf den Boden. Den Körper dreht man weiter nach links, verlagert das Körpergewicht vom rechten auf den linken Fuß, bis dieser das ganze Körpergewicht trägt, und stellt den rechten Fuß mit der Spitze neben den linken.

Gleichzeitig dreht man die linke Handfläche nach oben, bewegt sie seitwärts neben dem Körper bogenförmig von unten bis in Ohrhöhe nach oben, bei leicht gebeugtem Ellenbogen und schräg nach oben zeigender Handfläche. Die rechte Hand folgt der Körperdrehung und bewegt sich bogenförmig etwas schräg nach oben und dann mit gebeugtem Ellenbogen bis zur linken Brust etwas nach unten, bei schräg nach unten zeigender Handfläche.

Man schaut auf die linke Hand.

4. Schritt

Abb. 46

Abb. 47

Diese Bewegung ist die gleiche wie beim 2. Schritt, nur seitenverkehrt.

Kurzgefaßtes Tai-Ji-Quan

5. Schritt

Abb. 48 Abb. 49

Abb. 50 Abb. 51

Diese Bewegung ist die gleiche wie beim 3. Schritt, nur seitenverkehrt.

6. Schritt

Abb. 52

Abb. 53

Abb. 54

Abb. 55

Diese Bewegung ist die gleiche wie beim 2. Schritt.

Anmerkung

Beim Vorschieben der Hände darf der Oberkörper auf keinen Fall nach vorne bzw. nach hinten geneigt werden. Die Lenden, das Becken und die Hüften müssen entspannt und frei bleiben. Die Schultern und die Ellenbogen hängen locker herunter, die Handgelenke und die Hände bleiben natürlich entspannt. Die Bewegungen der Hände, Beine sowie der Lende sollten harmonisch koordiniert werden.

Bei der *Schützestellung* muß die Fußspitze nach vorne zeigen, und beide Füße müssen einen Abstand von etwa 30 cm oder einer Fußlänge haben.

Man schaut nach vorne in Richtung Osten.

5. Folge

Das Lautenspiel
Shou-Hui Pi-Pa

Abb. 56 Abb. 57

Abb. 58 Abb. 59

Mit dem rechten Fuß macht man einen halben Schritt vorwärts und verlagert darauf voll das Körpergewicht. Dabei dreht man den Oberkörper leicht (bis zu 20°) nach rechts und gleich wieder zurück nach vorne in Richtung Osten.

Das rechte Knie bleibt gebeugt, den linken Fuß hebt man bis knapp über den Boden ab, bewegt ihn leicht nach vorne und stellt ihn mit der Ferse auf den Boden. Dabei bleibt die Fußspitze abgehoben und das linke Knie nur mäßig gebeugt. So bildet man einen linken *leeren Schritt*.

Gleichzeitig führt man die linke Hand am Körper vorbei, von unten bis in Nasenhöhe nach oben, und nimmt die rechte Hand zuerst zur Brust heran und dann neben den linken Ellenbogen herunter. Dabei sind die beiden Ellenbogen locker gebeugt, die linke Handfläche zeigt nach rechts und die rechte zeigt nach links.

Man schaut auf den linken Zeigefinger.

Das Körpergewicht soll voll auf dem rechten Fuß bleiben, damit man ganz stabil darauf steht. Der Oberkörper soll aufrecht und die Brust entspannt und frei sein, die beiden Schultern dürfen nicht hochgezogen und die beiden Ellenbogen nicht ausgestreckt werden.

Die linke Hand soll nicht direkt senkrecht nach oben bewegt werden, sondern zuerst am Körper vorbei nach oben und dann nach vorne, so daß eine relativ runde bzw. bogenförmige Bewegung entsteht. Dies gilt ebenfalls für die rechte Hand.

Wenn man den rechten Fuß einen halben Schritt vorwärts bewegt, setzt man zuerst die Fußspitze auf den Boden und dann langsam die ganze Fußsohle.

Die Verlagerung des Körpergewichts und die Bewegungen der beiden Hände sollen in Einklang stehen.

Am Ende dieser Folge steht man in Richtung Osten.

Anmerkung

6. Folge

Zurückschreiten und Arme wirbeln, links und rechts
Zuo-You Dao-Juan-Hong

Abb. 60

Abb. 61

1. Schritt

Man bewegt den Oberkörper langsam nach rechts (bis zu 45°).

Die rechte Handfläche dreht man nach oben und führt die rechte Hand erst nach unten am Bauch vorbei und dann seitwärts nach hinten bis in Ohrhöhe. Dabei wird der Ellenbogen leicht angewinkelt. Gleichzeitig dreht man auch die linke Handfläche nach oben.

Der Blick richtet sich zuerst parallel mit der Körperdrehung nach rechts und dann nach vorne auf die linke Hand.

2. Schritt

Abb. 62

Abb. 63

Abb. 64

Abb. 65

Man beugt den rechten Arm weiter, stößt die rechte Hand mit nach vorne zeigender Handfläche in Ohrhöhe nach vorne und zieht die linke Hand mit nach oben gezeigter Handfläche neben die Taille zurück.

Gleichzeitig geht man mit dem linken Fuß einen Schritt zurück, dabei bewegt sich der linke Fuß knapp über dem Boden und wird leicht nach außen, zuerst mit der Spitze, dann mit der ganzen Fußsohle auf den Boden abgesetzt. Der Körperschwerpunkt verlagert sich danach auf den linken Fuß, den rechten Fuß dreht man mit auf dem Boden fixierter Fußspitze, bis seine Spitze nach vorne zeigt. So wird ein rechter *leerer Schritt* gebildet.

Man schaut jetzt auf die rechte Hand.

3. Schritt

Abb. 66

Man dreht den Oberkörper leicht nach links (ca. 45°).

Die linke Hand führt man mit nach oben gedrehter Handfläche bis in Ohrnähe bogenförmig nach hinten oben. Die rechte Handfläche dreht sich gleichzeitig nach oben.

Man schaut zuerst nach links und dann wieder nach vorn, auf die rechte Hand.

6. Folge

4. Schritt

Abb. 67

Abb. 68

Abb. 69

Diese Bewegung ist die gleiche wie beim 2. Schritt, nur seitenverkehrt.

Kurzgefaßtes Tai-Ji-Quan

Abb. 70

Abb. 71

5. Schritt   Diese Bewegung ist die gleiche wie beim 3. Schritt, nur seitenverkehrt.

6. Schritt

Abb. 72

Abb. 73

Abb. 74

Diese Bewegung ist die gleiche wie beim 2. Schritt.

58

6. Folge

7. Schritt

Abb. 75

Diese Bewegung ist die gleiche wie beim 3. Schritt.

8. Schritt

Abb. 76

Abb. 77

Anmerkung

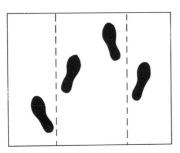

Abb. 78

Diese Bewegung ist die gleiche wie beim 2. Schritt, nur seitenverkehrt.

Der Arm soll beim Vorstoßen nicht ausgestreckt werden und beim Zurückziehen nicht gerade, sondern gleichzeitig zur Drehung des Körpers bogenförmig bewegt werden. Während des Vorstoßens der Hand und der Dehnung des Körpers bleiben Schultern, Taille und Hüfte locker.

Die Bewegungen der Hände müssen gleichmäßig und weich sein.

Beim Zurückschreiten soll zuerst die Fußspitze und dann langsam der ganze Fuß aufgesetzt werden. Gleichzeitig soll der vordere Fuß mit auf dem Boden fixierter Spitze synchron zur Körperdrehung gedreht werden, bis die Spitze nach vorne zeigt. Der Fuß, den man nach hinten zurückzieht, soll leicht seitwärts nach außen versetzt zu dem anderen Fuß geführt werden. Achtung: Die beiden Füße dürfen nicht auf einer Linie stehen. Auf keinen Fall darf der zurückschreitende Fuß gekreuzt mit dem anderen Fuß nach innen versetzt werden (siehe Abb. 79).

Man schaut beim Zurückschreiten zuerst in Richtung der Körperdrehung, dann langsam nach vorne und zurück, auf die Hand der anderen Körperseite. Zum Schluß dieser Folge schaut man nach Osten.

Beim letzten Zurückschreiten mit dem rechten Fuß soll man die rechte Fußspitze etwas mehr nach außen (in Richtung Süden) stellen, damit die nächste Folge vorbereitet wird.

Abb. 79
Stellung der Füße beim Zurücksetzen. Die gestrichelten Linien verdeutlichen den Abstand der beiden Füße zueinander.

7. Folge

Den Spatzen-Schwanz fangen, links
Zuo Lan-Qiao-Wei

Abb. 80

1. Schritt

Den Oberkörper dreht man leicht nach rechts und führt die rechte Hand dabei bis in Ohrhöhe bogenförmig seitwärts nach hinten oben, wobei die Handfläche nach oben gerichtet ist. Die linke Hand hält man locker mit nach unten gedrehter Handfläche.

Man schaut jetzt auf die linke Hand.

Abb. 81   Abb. 82   Abb. 83

2. Schritt

Nun bewegt man den Oberkörper weiter nach rechts (nach Süden) und läßt die linke Hand ganz langsam und locker herunterfallen, bis unterhalb des rechten Rippenbogens, wobei die Handfläche nach oben gedreht wird. Den rechten Arm beugt man nach vorne und führt die rechte Hand vor die rechte Brust. Dabei wird die Handfläche nach unten gedreht. Die beiden Händen bilden damit wieder die *Ballhaltung*.

Gleichzeitig verlagert man das Körpergewicht auf den rechten Fuß. Den Oberkörper dreht man ein bißchen weiter nach rechts, zieht dabei den linken Fuß zum rechten heran und stellt ihn mit der Spitze ab.

Man schaut auf die rechte Hand.

Abb. 84   Abb. 85   Abb. 86

3. Schritt

Man dreht den Oberkörper nach links zurück, macht dabei einen Schritt mit dem linken Fuß nach vorne links und dreht den Körper noch weiter nach links (um ca. 60°). Jetzt belastet man den linken Fuß mit dem Körpergewicht, beugt das linke Knie und streckt das rechte Bein locker, um eine *Schützestellung* zu bilden.

Gleichzeitig bewegt man die linke Hand mit nach innen gedrehter Handfläche bei leicht gebeugtem Ellenbogen nach vorne links, als ob man etwas mit der Außenseite des Unterarms und dem Handrücken von sich wegschieben würde *(Peng)*, bis die linke Hand in Schulterhöhe kommt. Die Handfläche zeigt jetzt zum Gesicht. Die rechte Hand führt man nach unten neben die rechte Hüfte, wobei die Handfläche nach unten und die Finger nach vorne zeigen.

Man schaut auf den linken Unterarm (Übergang zum Handgelenk).

Anmerkung

Beim *Peng* bleiben die beiden Arme leicht gebeugt und die Taille entspannt. Die Bildung der *Schützestellung*, die Drehung des Oberkörpers und die Auseinanderführung der Hände müssen harmonisch miteinander abgestimmt werden. Der Abstand der beiden Füße beträgt nicht mehr als 10 cm (siehe Abb. 90).

Kurzgefaßtes Tai-Ji-Quan

Abb. 87

Abb. 88

Abb. 89

4. Schritt

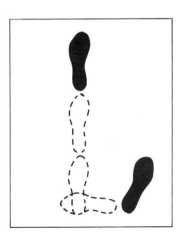

Abb. 90 Stellung der Füße bei der „Schützestellung" in der 7. Folge

Man dreht den Oberkörper so weit nach links, bis er nach Osten zeigt. Die linke Hand wendet man nach vorne, damit die Handfläche mehr oder weniger nach unten zeigt, und bringt die rechte Hand am Bauch vorbei nach vorne oben bis knapp unter das linke Handgelenk. Dabei wird die Handfläche nach oben gerichtet.

Dann macht man eine *Lü-Bewegung:*

Dabei dreht man den Oberkörper nach rechts, führt die beiden Hände am Bauch vorbei bogenförmig etwas nach unten und dann seitwärts nach hinten oben, bis die rechte Hand mit nach oben gezeigter Handfläche in Schulterhöhe und der linke gebeugte Arm vor die Brust kommt. Die linke Hand befindet sich vor der rechten Schulter, und die Handfläche zeigt nach hinten (zur rechten Schulter).

Gleichzeitig verlagert man das Körpergewicht ganz auf den rechten Fuß und richtet den Blick auf die rechte Hand.

Anmerkung

Beim *Lü* darf man den Oberkörper nicht nach vorne beugen und das Kreuz bzw. das Gesäß nicht nach hinten strecken. Die Hände sollen synchron mit der Drehung des Oberkörpers bogenförmig seitwärts nach unten und hinten bewegt werden. Trotz der Gewichtsverlagerung auf den rechten Fuß soll der linke Fuß voll auf dem Boden bleiben.

7. Folge

Abb. 91

Abb. 92

Abb. 93

Man dreht der Oberkörper wieder nach links.

Den rechten Arm beugt man und bringt die rechte Hand vor den linken Unterarm bis knapp oberhalb des Handgelenks. Der Abstand zwischen dem linken Unterarm und der rechten Hand beträgt ungefähr fünf Zentimeter.

Den Oberkörper dreht man weiter nach links und macht durch allmähliche Verlagerung des Körpergewichts von dem rechten auf den linken Fuß eine *Schützestellung*.

Gleichzeitig macht man eine *Ji-Bewegung*:

Dabei bewegt man die Hände langsam in Schulterhöhe vorwärts, als ob man etwas von sich wegschieben wolle. Hierbei zeigt die linke Handfläche nach hinten und die rechte nach vorne. Der linke Arm bleibt halbkreisförmig und der rechte Arm leicht gebeugt.

Man schaut auf das linke Handgelenk.

Beim *Ji* (Vorwärtsdrängen) soll der Oberkörper aufrechtgehalten werden. Das Vorwärtsdrängen der Hände, die Drehung des Körpers und die Bildung der *Schützestellung* müssen miteinander in Einklang stehen.

Am Ende der *Ji-Bewegung* steht man in Richtung Osten.

<u>5. Schritt</u>

<u>Anmerkung</u>

Abb. 94   Abb. 95   Abb. 96

6. Schritt

Man wendet die linke Handfläche nach unten und streckt dabei die rechte Hand über das linke Handgelenk nach vorne, so daß die rechte Hand über der linken kreuzt. Diese führt man dann weiter nach rechts, bis sie mit der nach unten gewendeten Handfläche neben die linke kommt. Die Hände führt man auseinander, bis der Abstand zwischen den beiden schulterbreit ist.

Dann beugt man das rechte Knie, bewegt sich nach rückwärts und verlagert dadurch das Körpergewicht auf den rechten Fuß. Dabei hebt man die linke Fußspitze ab. Gleichzeitig zieht man die Hände nach unten bis vor den Bauch, wobei die beiden Handflächen weiterhin nach unten zeigen.

Den Blick richtet man nach vorne.

7. Folge

Abb. 97   Abb. 98

7. Schritt

Das Gewicht verlagert man langsam auf den linken Fuß und beugt das linke Knie zur *Schützestellung*.

Gleichzeitig macht man eine *An-Bewegung*:

Hierbei führt man die Hände nach oben und vorne, wobei die beiden Handflächen nach vorne zeigen.

Man schaut nach vorne.

Anmerkung

Beim *An* sollen die Hände im Bogen bis in Schulterhöhe vorwärts geschoben werden. Die beiden Ellenbogen werden nicht ganz durchgestreckt, sondern bleiben ganz leicht gebeugt. Die Bewegungen der Hände, die Verlagerung des Gewichts und die Bildung der *Schützestellung* müssen synchron ausgeführt werden.

Kurzgefaßtes Tai-Ji-Quan

8. Folge

Den Spatzen-Schwanz fangen, rechts
You Lan-Qiao-Wei

1. Schritt

Abb. 99

Abb. 100

Abb. 101

Abb. 102

Abb. 103

68

8. Folge

Man bewegt sich nach hinten und verlagert das Gewicht auf den rechten Fuß. Den Körper dreht man nach rechts und die linke Fußspitze nach innen.

Die rechte Hand beschreibt einen Kreis, zuerst in der Horizontalen nach rechts, dann nach unten am Bauch vorbei und etwas weiter nach oben zum linken Rippenbogen. Hierbei zeigt die Handfläche nach oben. Die linke Hand führt man bogenförmig vor die linke Brust und wendet die Handfläche dabei nach unten, wodurch man eine *Ballhaltung* bildet.

Gleichzeitig verlagert man das Körpergewicht wieder zurück auf den linken Fuß und stellt den rechten Fuß mit der Spitze neben den linken.

Man schaut auf die linke Hand.

Die Spitze des linken Fußes soll soweit wie möglich nach rechts (90°–110°) gedreht werden. Auf jeden Fall soll der linke Fuß nach der Drehung nach Süden (besser etwas in Richtung Südwesten) zeigen.

<u>Anmerkung</u>

Abb. 104   Abb. 105

<u>2. Schritt</u>

Diese Bewegung ist die gleiche wie beim 3. Schritt der 7. Folge, nur seitenverkehrt.

Kurzgefaßtes Tai-Ji-Quan

Abb. 106

Abb. 107

Abb. 108

<u>3. Schritt</u>   Diese Bewegung ist die gleiche wie beim 4. Schritt der 7. Folge, nur seitenverkehrt.

Abb. 109

Abb. 110

Abb. 111

<u>4. Schritt</u>   Diese Bewegung ist die gleiche wie beim 5. Schritt der 7. Folge, nur seitenverkehrt.

8. Folge

Abb. 112

Abb. 113

Abb. 114

Diese Bewegung ist die gleiche wie beim 6. Schritt der 7. Folge, nur seitenverkehrt.

<u>5. Schritt</u>

<u>6. Schritt</u>

Abb. 115

Diese Bewegung ist die gleiche wie beim 7. Schritt der 7. Folge, nur seitenverkehrt.

Am Ende dieser Folge steht man in Richtung Westen. Sonst ähnlich wie bei der 7. Folge.

<u>Anmerkung</u>

9. Folge

Die Peitsche
Dan-Bian

1. Schritt

Abb. 117

Abb. 118

Abb. 116

Man verlagert das Gewicht allmählich nach hinten auf den linken Fuß, dreht den Oberkörper nach links in Richtung Süden und dreht auch die Spitze des rechten Fußes nach links (innen).

Gleichzeitig beschreibt man mit der linken Hand einen Kreis. Dieser führt zuerst in der Horizontalen nach links, bis sich die linke Hand seitwärts in Schulterhöhe befindet, wobei die Handfläche nach links außen zeigt.

Die rechte Hand führt man kreisend am Bauch vorbei, zuerst nach unten, dann nach links und hinauf zum linken Rippenbogen. Die Handfläche zeigt schräg nach oben und ist zum Körper geneigt.

Man schaut auf die linke Hand.

Anmerkung

Die Spitze des rechten Fußes soll man soweit wie möglich nach links (90°–110°) drehen. Auf jeden Fall soll der rechte Fuß nach der Drehung nach Süden (besser etwas mehr in Richtung Südosten) zeigen.

2. Schritt

Abb. 119   Abb. 120

Man verlagert das Gewicht zurück auf den rechten Fuß, dreht den Oberkörper nach rechts in Richtung Süden und stellt den linken Fuß mit der Spitze neben den rechten.

Gleichzeitig führt man die rechte Hand bogenförmig an der Brust vorbei weiter nach rechts oben und dann seitwärts herunter bis in Schulterhöhe. Dabei wendet man die Handfläche nach außen und bildet dann eine *Hakenhand (Gou-Shou)*.

Hierbei werden die Finger an den Spitzen geschlossen. Die ganze Hand wird durch Lockerung des Handgelenks nach unten abgeknickt.

Die linke Hand beschreibt den Kreis zuerst nach unten und dann am Bauch vorbei nach rechts oben bis vor die rechte Schulter, wobei die Handfläche zur Schulter zeigt.

Man schaut auf die linke Hand.

3. Schritt

Abb. 121

Abb. 122

Jetzt dreht man den Oberkörper wieder nach links und macht mit dem linken Fuß einen Schritt nach vorne links. Dabei beugt man das linke Knie und streckt das rechte Bein, um eine *Schützestellung* zu bilden.

Während man das Gewicht langsam auf den linken Fuß verlagert, schiebt man die linke Hand langsam und parallel zur Linksdrehung des Körpers in Schulterhöhe nach vorne. Dabei wendet man die Handfläche nach außen. Am Ende dieser Folge bleiben die Fingerspitzen der linken Hand in Augenhöhe und der linke Ellenbogen bleibt leicht angewinkelt.

Man schaut auf die linke Hand.

Anmerkung

Während der ganzen Folge soll man den Oberkörper aufrecht halten und die Taille entspannen. In der Schlußposition sollen die beiden Ellenbogen leicht nach unten gebeugt sein und die Schultern locker hängen (nicht hochgezogen werden).

Die linke Hand soll während der Körperdrehung gleichzeitig nach außen gewendet und nach vorne geschoben werden. Auf keinen Fall darf man sie zu schnell oder in der letzten Phase der Körperdrehung abrupt drehen bzw. schieben.

Alle Übergänge der Bewegungen müssen harmonisch koordiniert werden.

Bei Fertigstellung dieser Folge zeigen der Körper und die Fußspitze in Richtung Ostnordost (vom Osten gesehen ca. 15° weiter nach Norden gerichtet).

Der Abstand zwischen beiden Fersen beträgt ca. 30 cm bzw. 1 Fußlänge (siehe Abb. 32).

10. Folge

Die Wolkenhände
Yun-Shou

Abb. 123

Abb. 124

<u>1. Schritt</u>

Abb. 125

Zuerst verlagert man das Körpergewicht auf den rechten Fuß, dreht den Körper allmählich nach rechts (bis nach Südsüdwesten) und dreht die linke Fußspitze nach innen (rechts). Die linke Hand führt man zuerst kreisend nach unten und dann am Bauch vorbei nach rechts oben bis vor die rechte Schulter. Die Handfläche zeigt zur Schulter und etwas schräg nach oben. Währenddessen öffnet man die rechte Hand und richtet sie auf, so daß die Handfläche nach außen und die Spitze mäßig nach oben zeigt.

Man schaut auf die linke Hand.

In dieser Phase wird der rechte Arm nicht bewegt, seine Lageveränderung kommt einzig allein durch die Körperdrehung zustande.

<u>Anmerkung</u>

2. Schritt

Abb. 126

Abb. 127

Man dreht den Oberkörper nach links (bis nach Südsüdosten), verlagert das Gewicht langsam auf den linken Fuß und stellt den rechten Fuß mit einem Abstand von 10–20 cm parallel neben dem linken ab.

Gleichzeitig beschreibt man mit der linken Hand den Kreis weiter, vor dem Gesicht vorbei nach links oben und dann seitwärts nach unten bis in Schulterhöhe. Dabei wendet man die Handfläche allmählich nach außen. Die rechte Hand führt man auch im Kreis nach unten und am Bauch vorbei weiter nach links oben bis vor die linke Schulter. Dabei zeigt die Handfläche zur Schulter und etwas schräg nach oben.

Man schaut auf die rechte Hand.

3. Schritt

Abb. 128

Abb. 129

Abb. 130

Den Oberkörper dreht man wieder nach rechts zurück (bis nach Südsüdwesten) und verlagert das Gewicht langsam auf den rechten Fuß.

Die linke Hand führt man kreisend zuerst nach unten, dann am Bauch vorbei nach rechts oben bis vor die rechte Schulter. Die Handfläche zeigt zur Schulter und etwas schräg nach oben. Die rechte Hand bewegt man auch kreisförmig weiter, zuerst nach oben rechts vor dem Gesicht vorbei und dann seitwärts nach rechts unten bis in Schulterhöhe. Dabei wendet man die Handfläche nach außen.

Währenddessen macht man mit dem linken Fuß einen weiten Schritt (ca. eineinhalbfache Schulterbreite) zur Seite.

Man schaut auf die linke Hand.

4. Schritt

Abb. 131

Abb. 132

Diese Bewegung ist die gleiche wie beim 2. Schritt.

77

Kurzgefaßtes Tai-Ji-Quan

Abb. 133

Abb. 134

Abb. 135

5. Schritt — Diese Bewegung ist die gleiche wie beim 3. Schritt.

6. Schritt

Abb. 136

Abb. 137

Diese Bewegung ist die gleiche wie beim 2. Schritt.

Anmerkung — Bei der Drehung des Körpers dient die Lendenwirbelsäule als Bewegungsachse. Die Schultern werden nicht hochgezogen, die Hüfte und die Taille bleiben entspannt. Während der ganzen Folge bleibt das vom Körpergewicht belastete Bein gebeugt und der Körper gleich hoch. Vermeiden Sie die Veränderung der Körperhöhe (Auf- und Abbewegung des Körpers).

Die kreisförmigen Bewegungen der Arme sollten synchron mit der Drehung der Taille erfolgen. Sie sollten natürlich, rund, locker sowie langsam mit gleichmäßiger Geschwindigkeit ausgeführt werden.

Beim Seitwärtsschreiten muß das Gleichgewicht bewahrt werden. Achten Sie genau auf die Belastung und Entlastung des jeweiligen Fußes durch das Körpergewicht! Man belastet den Fuß erst, nachdem die ganze Sohle den Boden berührt hat. Auch die Bewegungen der Beine sollen gleichmäßig und langsam ausgeführt werden, und die Fußspitze zeigt stets nach vorne (nach Süden).

Der Blick folgt jeweils der linken bzw. rechten Hand, wenn sie am Gesicht vorbeistreift. Wenn man beim 3. Schritt dieser Folge den rechten Fuß neben den linken stellt, soll die Spitze des rechten Fußes etwas nach innen (links) gedreht werden, damit die nächste Folge, *die Peitsche*, vorbereitet wird.

Abb. 138

Abb. 139

11. Folge

Die Peitsche
Dan-Bian

1. Schritt

Abb. 140

Man dreht den Oberkörper nach rechts, verlagert das Gewicht langsam auf den rechten Fuß und hebt die Ferse des linken Fußes vom Boden ab, so daß dieser nur noch mit der Spitze den Boden berührt. Gleichzeitig kreist man mit der rechten Hand rechts vor dem Gesicht vorbei und dann seitwärts nach rechts unten bis auf Schulterhöhe. Dabei dreht man die Hand nach außen und macht eine *Hakenhand* (genaue Beschreibung siehe 9. Folge!). Die linke Hand führt man kreisförmig zuerst nach unten, dann am Bauch vorbei nach oben rechts bis vor die rechte Schulter, wobei die Handfläche zur Schulter zeigt.

Man schaut auf die linke Hand.

Kurzgefaßtes Tai-Ji-Quan

<u>2. Schritt</u>

Abb. 141 Abb. 142

Diese Bewegung ist die gleiche wie beim 3. Schritt der 9. Folge.

12. Folge

Auf dem Pferd reiten und nach dem Weg fragen
Gao-Tan-Ma

<u>1. Schritt</u>

Abb. 143 Abb. 144

Mit dem rechten Fuß macht man einen halben Schritt vorwärts und setzt sich dann zurück, wobei man nach und nach das Gewicht auf den rechten Fuß verlagert.

Man öffnet die rechte Hand und dreht die beiden Handflächen nach oben, wobei man die beiden Ellenbogen etwas beugt.

Gleichzeitig dreht man den Oberkörper leicht nach rechts, hebt den linken Fuß und schaut zuerst nach links vorne und dann nach rechts.

2. Schritt

Abb. 145

Jetzt dreht man den Oberkörper nach links zurück und schaut wieder nach vorne.

Den linken Fuß bringt man etwas vor und setzt ihn mit der Spitze auf dem Boden ab. Dadurch hat man einen linken *leeren Schritt* gemacht.

Gleichzeitig nimmt man die linke Hand neben die linke Taille zurück, wobei die Handfläche nach oben zeigt. Die rechte Hand schiebt man gerade in Ohrhöhe am Kopf vorbei nach vorne. Die Handfläche zeigt nach vorne, die Fingerspitzen zeigen nach oben und befinden sich in Augenhöhe.

Man schaut auf die rechte Hand.

Anmerkung

Während der ganzen Folge hält man den Oberkörper aufrecht, läßt die Schultern locker hängen und die Ellenbogen leicht gebeugt.

Beim Schrittwechsel und bei der Gewichtsverlagerung bewegt man den Körper nicht auf und ab. In der Schlußposition steht man in Richtung Osten.

13. Folge

Der rechte Fersenstoß
You-Deng-Jiao

1. Schritt

Abb. 146

Abb. 147

Abb. 148

Man streckt die linke Hand mit nach oben gerichteter Handfläche nach oben vorne über die rechte, bis sich beide Hände kreuzen. Nun bringt man die Hände in einem kleinen Kreis seitwärts auseinander, dabei dreht man die linke Handfläche um, damit beide Handflächen schräg nach unten zeigen.

Gleichzeitig hebt man den linken Fuß an und macht damit einen Schritt nach links vorne, wobei die Spitze des linken Fußes etwas nach links außen (ca. um 15°) abgesetzt wird. Dann verlagert man das Körpergewicht auf den linken Fuß, beugt dabei das linke Knie und streckt das rechte Bein, um eine linke *Schützestellung* zu bilden.

Man schaut nach vorne.

13. Folge

2. Schritt

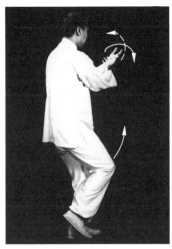

Abb. 149   Abb. 150

Die beiden Hände führt man kreisförmig weiter, zuerst nach außen, dann über innen unten und nach oben, bis sich die beiden Hände vor der Brust kreuzen. Dabei zeigen die Handflächen zum Körper. Die linke Hand befindet sich zwischen der rechten Hand und dem Körper (siehe Abb. 150).

Gleichzeitig führt man den rechten Fuß neben den linken und stellt ihn mit der Spitze auf dem Boden ab.

Man schaut nach vorne rechts.

Kurzgefaßtes Tai-Ji-Quan

3. Schritt

Abb. 151

Abb. 152

Man dreht den Körper leicht nach rechts (ca. 15°–30°), hebt das rechte Bein mit gebeugtem Knie an, bis der Oberschenkel waagrecht zum Boden kommt, und streckt den rechten Fuß ganz langsam nach vorne rechts aus.

Gleichzeitig bewegt man die beiden Hände bogenförmig auseinander und in Schulterhöhe zur Seite. Die Ellenbogen sind leicht gebeugt und die Handflächen schräg nach außen vorne gerichtet.

Man schaut auf die rechte Hand.

Anmerkung

Halten Sie das Gleichgewicht und den Oberkörper aufrecht!

Die Hände sollen etwa 30 cm vor der Brust in Schulterhöhe gekreuzt werden. Beim Auseinanderführen der Hände sollen die Handgelenke in Schulterhöhe bleiben.

Beim Stoßen mit dem rechten Fuß beugt man das linke Knie ein wenig, zieht die rechte Fußspitze zum Körper zurück und führt die Kraft des Stoßens in Richtung Fersen (siehe Abb. S. 90).

Die Trennung der Hände und der Fersenstoß müssen synchron ausgeführt werden. In der Schlußposition weist der rechte Fuß in Richtung Südost, und der rechte Arm befindet sich parallel über dem rechten Bein.

Abb. 153

Abb. 154

14. Folge

Die Ohren des Gegners mit beiden Fäusten schlagen
Shuang-Feng Guan-Er

<u>1. Schritt</u>

Man beugt das rechte Knie rechtwinklig an, hält dabei den Oberschenkel weiter waagerecht und zieht den rechten Fuß zurück. Dabei zeigt die Fußspitze locker zum Boden. Gleichzeitig bewegt man die linke Hand bogenförmig nach oben vorne und dann nach unten, bis sie weit vor der Brust neben der rechten Hand über dem rechten Knie liegt. Dabei werden die beiden Handflächen nach oben gewendet. Dann führt man die beiden Hände bogenförmig an die beiden Seiten des rechten Knies.

Man schaut nach vorne.

Abb. 155   Abb. 156   Abb. 157

2. Schritt

Man läßt den rechten Fuß langsam herunter, setzt ihn mit der Ferse vorne rechts ab und nimmt die *rechte Schützestellung* ein. Hierbei verlagern wir das Körpergewicht auf den rechten Fuß, beugen das rechte Knie und strecken das linke Bein. Nun schaut man nach vorne rechts. Gleichzeitig läßt man die beiden Hände weiter fallen und ballt sie dabei zur Faust. Die Fäuste führt man bogenförmig seitwärts nach oben vorne, bis sie in Ohrhöhe vor das Gesicht kommen. Die beiden Fäuste zeigen mit ihren Knöcheln schräg nach oben und haben einen Abstand von ca. 20 cm zueinander.

Jetzt schaut man auf die rechte Faust.

Anmerkung

Nach der Fertigstellung dieser Folge sind der Oberkörper und der Kopf aufrecht, die Hüfte und die Taille sind entspannt, die Schultern hängen locker herunter und die Ellenbogen sind leicht angewinkelt. Die Fäuste sind locker geballt und die Arme bleiben bogenförmig gebeugt. In der Schlußposition zeigen der Körper und die Fäuste in die gleiche Richtung wie bei dem *rechten Fersenstoß* (13. Folge), nämlich nach Südost. Die Füße haben den Abstand wie beim *Spatzen-Schwanz fangen* (7. bzw. 8. Folge), nämlich höchstens 10 cm.

15. Folge

Umdrehen und der linke Fersenstoß
Zhuan-Shen Zuo-Deng-Jiao

Abb. 158   Abb. 159

1. Schritt

Man geht zurück, beugt das linke Knie und verlagert das Gewicht langsam auf den linken Fuß. Dabei dreht man den Oberkörper nach links (nach Norden) und den rechten Fuß nach innen, dabei zeigt die rechte Fußspitze in Richtung Nordnordost.

Gleichzeitig öffnet man die Fäuste und bewegt die Hände leicht bogenförmig nach oben und dann seitwärts nach unten auseinander. Die beiden Handflächen zeigen nach vorne.

Man schaut auf die linke Hand.

Kurzgefaßtes Tai-Ji-Quan

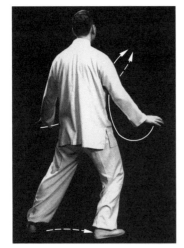
Abb. 160

Abb. 161

Abb. 162

2. Schritt

Man verlagert das Gewicht langsam auf den rechten Fuß zurück und stellt den linken Fuß mit der Spitze neben den rechten.

Gleichzeitig bewegt man die beiden Hände weiter im Kreis von außen über unten nach innen oben, bis sich die Hände vor der Brust kreuzen. Dabei zeigen die Handflächen nach innen zum Körper, und die linke Hand ist weiter als die rechte vom Körper entfernt (siehe Abb. 162).

Man schaut auf die linke Hand.

15. Folge

Abb. 163

Abb. 164

Man dreht den Körper leicht nach links (ca. 15°–30°), hebt das linke Bein mit gebeugtem Knie und streckt dann den linken Fuß langsam nach vorne links.

Gleichzeitig führt man die beiden Hände bogenförmig in Schulterhöhe seitwärts auseinander. Dabei bleiben beide Ellenbogen leicht nach unten gebeugt, und die Handflächen zeigen schräg nach vorne außen.

3. Schritt

Diese Folge entspricht der 13. Folge *(Der rechte Fersenstoß)*, nur ist sie seitenverkehrt.

In der Schlußposition ist der linke Fuß in Richtung Nordwest gestreckt und bildet mit dem ebenfalls nach vorne rechts gestreckten rechten Bein (aus der 13. Folge) einen Winkel von 180°.

Anmerkung

Kurzgefaßtes Tai-Ji-Quan

Abb. 165

16. Folge

Hinuntersteigen und auf einem Bein stehen, links
Zuo-Xia-Shi Du-Li

1. Schritt

Abb. 166

Abb. 167

Man zieht den linken Fuß bei waagerecht gehaltenem Oberschenkel zurück, so daß der linke Fuß schwebend und locker hängt. Den Oberkörper dreht man leicht nach rechts zurück, bis der Körper nach Norden zeigt.

Gleichzeitig bildet man die rechte Hand zu einer *Hakenhand* (siehe auch 9. Folge, *Die Peitsche*) und beschreibt mit der linken Hand einen Kreis etwas nach oben, und dann etwas nach unten rechts bis vor die rechte Schulter. Die linke Handfläche zeigt schräg zur Schulter nach oben.

Man schaut auf die rechte Hand.

Kurzgefaßtes Tai-Ji-Quan

2. Schritt

Abb. 168

Abb. 169

16. Folge

Abb. 170

Man beugt langsam das rechte Knie, streckt dabei den linken Fuß seitwärts, aber leicht nach hinten, damit er mehr oder weniger zum rechten Fuß nach hinten versetzt gestellt wird.

Gleichzeitig läßt man die linke Hand kreisförmig vor dem Körper herunterfallen und führt sie dann an der Innenseite des linken Beines vorbei, bis die Hand knapp vor und über dem Bein liegt. Die Handfläche zeigt schräg nach außen vorne.

Man schaut auf die linke Hand.

Wenn das rechte Bein voll gebeugt wird, soll man den Oberkörper nicht zu weit nach vorne lehnen. Das linke Bein soll man mit nach innen gestellter Fußspitze ausstrecken. Dabei sollen die beiden Fußsohlen den Boden voll berühren. Die Spitze des linken Fußes bildet mit der Ferse des rechten Fußes die Mittellinie des Körpers.

Anmerkung

93

3. Schritt

Abb. 171

Mit der Ferse als Achse dreht man die linke Fußspitze soweit wie möglich nach außen, verlagert das Körpergewicht auf den linken Fuß und beugt das linke Bein. Das rechte Bein streckt man und dreht dabei die rechte Fußspitze nach innen. Währenddessen dreht man den Oberkörper leicht nach links und richtet ihn mit der Verlagerung des Gewichts in einer Vorwärtsbewegung auf.

Gleichzeitig führt man die linke Hand bis in Schulterhöhe nach vorne oben. Die Handfläche zeigt nach innen. Die rechte Hand mit nach hinten zeigender *Hakenspitze* kommt langsam nach unten, bleibt aber vorerst noch hinter dem Körper.

Man schaut auf die linke Hand.

Anmerkung Die Spitze des linken Fußes soll man so weit drehen, daß sie mindestens geradeaus nach vorne in Richtung Westen zeigt.

16. Folge

Abb. 172   Abb. 173

4. Schritt

Nachdem das Gewicht voll auf den linken Fuß verlagert ist, hebt man den rechten Fuß langsam an, bis sich der rechte Oberschenkel horizontal zum Boden befindet.

Gleichzeitig öffnet man die rechte *Hakenhand* zur Normalstellung, führt sie bogenförmig von hinten nach vorne und dann weiter bis Schulterhöhe nach oben. Dabei liegt der rechte, gebeugte Ellenbogen direkt über dem rechten Knie, die Spitze der Hand zeigt nach oben und die Handfläche nach innen (links). Die linke Hand sinkt nach unten neben die linke Hüfte mit nach vorne gerichteten Fingern und nach unten gewendeter Handfläche.

Man schaut auf die rechte Hand.

Anmerkung

Das linke Bein, auf dem man steht, soll leicht gebeugt werden. Der rechte Unterschenkel hängt senkrecht zum Boden, und der rechte Fuß hängt ganz natürlich nach unten (Fußgelenk entspannen!).

Der Oberkörper bleibt aufrecht. In der Schlußposition steht man in Richtung Westen.

17. Folge

Hinuntersteigen und auf einem Bein stehen, rechts
You-Xia-Shi Du-Li

1. Schritt

Abb. 174

Abb. 175

Man stellt den rechten Fuß mit der Spitze vor dem linken ab, dann dreht man den Körper über die linke Fußspitze in Ruhe nach links, bis man in Richtung Süden steht. Das Körpergewicht bleibt auf dem linken Fuß.

Gleichzeitig hebt man die linke Hand seitwärts in Schulterhöhe hoch und bildet eine *Hakenhand*. Die rechte Hand führt man während der Körperdrehung bogenförmig und horizontal vor die linke Schulter.

Die Handfläche zeigt schräg nach oben zur Schulter.

Man schaut auf die linke Hand.

17. Folge

2. Schritt

Abb. 176

Abb. 177

Diese Bewegung ist die gleiche wie beim 2. Schritt der 16. Folge, nur seitenverkehrt.

3. Schritt

Abb. 178

Diese Bewegung ist die gleiche wie beim 3. Schritt der 16. Folge, nur seitenverkehrt.

4. Schritt

Abb. 179

Abb. 180

Diese Bewegung ist die gleiche wie beim 4. Schritt der 16. Folge, nur seitenverkehrt.

Anmerkung

Bei der Körperdrehung soll der rechte Fuß den Boden mit der Spitze berühren. Anschließend hebt man den rechten Fuß leicht vom Boden ab, und erst danach beugt man das linke Bein und streckt das rechte Bein seitwärts auf dem Boden aus. Alles andere entspricht der 16. Folge, nur daß es seitenverkehrt durchgeführt wird.

18. Folge

Das Webschiffchen schleudern, links und rechts
Zuo-You Chuan-Suo

Abb. 181

Abb. 182

1. Schritt

Abb. 183

Man dreht den Körper ein wenig nach links, setzt den linken Fuß mit schräg nach außen zeigender Spitze vor dem rechten ab und hebt die rechte Ferse an. Beide Beine beugt man so, als sitze man auf den gekreuzten Beinen.

Gleichzeitig bildet man mit beiden Armen die *Ballhaltung* vor der linken Brusthälfte, wobei die linke Hand oben und die rechte unten liegt.

Man stellt den rechten Fuß mit der Spitze neben den linken.
Man schaut auf den linken Unterarm.

Der linke Fuß soll etwas seitwärts zum rechten versetzt abgestellt werden, und die beiden Füße sollen nicht in einer Linie stehen.

Anmerkung

2. Schritt

Abb. 184

Abb. 185

Abb. 186

Abb. 186a

Man dreht jetzt den Körper nach rechts und geht mit dem rechten Fuß einen Schritt nach vorne rechts. Dabei beugt man das rechte Knie, verlagert das Körpergewicht auf den rechten Fuß und bildet damit die *rechte Schützestellung*.

Gleichzeitig bringt man die rechte Hand am Gesicht vorbei nach oben, bis sie seitwärts vor und über die rechte Schläfe kommt. Die Handfläche zeigt schräg nach vorne oben. Die linke Hand bewegt sich zuerst vor dem Körper nach unten links und dann stößt man mit der linken Hand nach vorne oben, bis sie in Schulterhöhe kommt. Dabei zeigt die Handfläche nach vorne und die Fingerspitzen nach oben.

Man schaut auf die linke Hand.

3. Schritt

Abb. 187   Abb. 188

Man bewegt sich zurück und verlagert damit das Gewicht leicht auf den linken Fuß. Nun dreht man den Körper mäßig nach rechts, verlagert dabei das Gewicht wieder auf den rechten Fuß zurück und führt den linken Fuß, mit der Spitze zum Boden, zum rechten.

Gleichzeitig bildet man mit beiden Armen vor der rechten Brusthälfte die *Ballhaltung*, wobei der rechte oben und der linke unten liegt.

Man schaut auf den rechten Unterarm.

Kurzgefaßtes Tai-Ji-Quan

Abb. 189　　　　　　　　　　Abb. 190　　　　　　　　　　Abb. 191

4. Schritt　　　　　　　　Diese Bewegung ist die gleiche wie beim 2. Schritt, nur seitenverkehrt.

Anmerkung　　　　　　　Bei der Schlußposition des 2. und 4. Schritts steht man mit dem Gesicht in Richtung Westen, allerdings etwas weiter seitwärts nach rechts bzw. links um 20° bis 30°. Die beiden Ellenbogen sind leicht gebeugt.

Während und nach der Handbewegung nach vorne soll der Körper nicht nach vorn übergeneigt sein.

Beim Hochheben der Hand bleiben die Schultern locker nach unten hängen. Die Bewegungen der Hände (Hochheben und Vorstoßen) müssen mit den Beinbewegungen und der Bewegung in der Taille harmonisch und synchron ausgeführt werden. Bei der *Schützestellung* haben beide Fersen einen Abstand in der direkten Breite von etwa 30 cm.

19. Folge

Die Nadel auf dem Meeresboden
Hai-Di-Zhen

Abb. 192

Abb. 193

Mit dem rechten Fuß macht man einen halben Schritt nach vorn und verlagert das Gewicht langsam auf diesen Fuß. Den linken führt man mit der zum Boden zeigenden Spitze ebenfalls ein bißchen nach vorne und bildet somit einen linken *leeren Schritt*.

Gleichzeitig dreht man den Körper leicht nach rechts, bewegt die rechte Hand nach unten seitwärts am Körper vorbei und dann leicht nach hinten oben bis über die Schulter neben das Ohr. Man dreht jetzt den Körper wieder nach links zurück und führt dabei die rechte Hand am rechten Ohr vorbei und streckt sie nach vorne unten in die Tiefe. Dabei zeigt die Handfläche nach links, und die Fingerspitze zeigt nach unten. Während der Bewegung der rechten Hand führt man die linke bogenförmig nach vorne und dann nach unten neben die linke Hüfte, wobei die Handfläche nach unten zeigt und die Fingerspitzen nach vorne zeigen.

Man schaut nach vorne unten.

Abb. 194

Anmerkung

Den Körper soll man zuerst leicht nach rechts und dann leicht nach links drehen. Bei der Schlußposition steht man allerdings genau in Richtung Westen. Der Oberkörper soll gerade bleiben. Auf jeden Fall soll man den Kopf nicht nach vorne beugen und das Gesäß nicht nach hinten strecken. Das rechte Bein wird relativ tief und das linke nur ganz leicht gebeugt.

20. Folge

Die Arme wie Fächer ausbreiten
Shan-Tong-Bi

Abb. 195   Abb. 196

Man dreht den Körper leicht nach rechts und macht einen Schritt mit dem linken Fuß nach vorne. Dabei beugt man das linke Knie, verlagert das Gewicht dadurch auf den linken Fuß und bildet damit eine *linke Schützestellung*.

Gleichzeitig hebt man den rechten Arm mit gebeugtem Ellenbogen nach oben, bis die Hand knapp über der rechten Schläfe ist. Dabei wendet man die Handfläche schräg nach oben, so daß der Daumen nach unten zeigt. Die linke Hand führt man zuerst vor dem Körper nach oben, und dann stößt man sie in Nasenhöhe nach vorne. Dabei zeigt die Handfläche nach vorne und die Fingerspitzen zeigen nach oben.

Man schaut auf die linke Hand.

<u>Anmerkung</u>

Bei der Schlußposition schaut man nach Westen. Der Oberkörper soll natürlich aufrecht bleiben, die Hüfte und die Taille sind entspannt. Der linke Arm wird nicht voll ausgestreckt, und die Rückenmuskulatur wird dabei gedehnt, ohne die Schultern hochzuziehen. Das Hochheben und das Vorstoßen der Hände müssen mit dem Schreiten und der Bildung der *Schützestellung* synchron koordiniert werden. Der Abstand der beiden Fersen bei der *Schützestellung* beträgt nicht mehr als 10 cm (siehe Abb. 90).

20. Folge

Abb. 197

Abb. 198

Abb. 199

Abb. 200

105

21. Folge

Umdrehen, abwehren und zustoßen
Zhuan-Shen Ban-Lan-Chui

1. Schritt

Abb. 201

Abb. 202

Abb. 203

Abb. 204

Man geht zurück und verlagert damit das Gewicht auf den rechten Fuß. Den Körper dreht man um 180° rechts herum und dreht dabei die linke Fußspitze über die Ferse nach innen (rechts). Danach verlagert man das Gewicht wieder auf den linken Fuß zurück.

Gleichzeitig beschreibt man mit der rechten Hand einen großen Kreis, zuerst nach oben und dann nach unten. In dieser Phase schließt man die rechte Hand zur Faust, danach führt man die Faust am Bauch vorbei zum linken Rippenbogen, wobei die Faustfläche nach unten zeigt (siehe Abb. 204). Die linke Hand bewegt man bis in Stirnhöhe, und die Handfläche zeigt schräg nach oben. Man schaut nach vorne.

Anmerkung — Die linke Fußspitze soll nach Norden bzw. Nordosten zeigen.

21. Folge

Abb. 205   Abb. 206   Abb. 207

Man dreht den Körper weiter nach rechts (bis nach Osten) und streckt die Faust an der Brust vorbei nach vorne, als ob man mit der Faust auf etwas schlagen wollte. Dabei wendet man die Faustfläche nach oben. Die linke Hand senkt man neben die linke Hüfte, dabei zeigt die Handfläche nach unten und die Fingerspitzen nach vorne.

Gleichzeitig nimmt man den rechten Fuß zum linken zurück und macht mit dem rechten gleich wieder einen Schritt nach vorne und setzt den rechten Fuß mit der Ferse auf den Boden ab. Dabei berührt der rechte Fuß weder mit der Spitze noch mit der Ferse den Boden und hält auch nicht neben dem linken Fuß an. Die Fußspitze zeigt nach rechts außen, und das ganze Gewicht bleibt auf dem linken Fuß.

Man schaut auf die rechte Faust.

2. Schritt

Kurzgefaßtes Tai-Ji-Quan

Abb. 208

Abb. 209

Abb. 210

3. Schritt

Man verlagert das Gewicht langsam auf den rechten Fuß und geht mit dem linken nach vorne. Dabei bewegt sich der linke Fuß halbkreisförmig am rechten Fuß vorbei. Dann setzt man den linken Fuß mit der Ferse auf den Boden ab und behält das Gewicht auf dem rechten Fuß.

Die linke Hand führt man bogenförmig von der linken Seite nach vorne oben. Die Handfläche zeigt ein wenig nach unten und die Fingerspitzen zeigen nach oben. Gleichzeitig bringt man die rechte Faust bogenförmig neben die rechte Seite der Taille zurück, wobei die Faustfläche nach oben zeigt.

Man schaut auf die linke Hand.

Anmerkung

Beim Parieren mit der linken Hand wird der Arm nicht voll ausgestreckt, und der Ellenbogen ist leicht gebeugt.

21. Folge

Abb. 211　　　　　　　Abb. 212

4. Schritt

Nun verlagert man das Gewicht auf den linken Fuß und beugt dabei das linke Knie, wodurch man eine linke *Schützestellung* bildet.

Gleichzeitig stößt man mit der rechten Faust in Brusthöhe nach vorne, wobei die Faustfläche nach innen gewendet wird, und zieht dann die linke Hand neben den Unterarm in die Nähe des Ellenbogens zurück.

Man schaut auf die rechte Faust.

Anmerkung

Die rechte Faust soll nicht fest, sondern eher locker sein. Beim Zurückziehen der rechten Faust soll man die Faust zuerst leicht nach innen und dann nach außen langsam bogenförmig neben die rechte Seite der Taille führen. Dabei wird die Faust zuerst nach innen und dann nach oben gedreht. Beim Vorwärtsstoßen soll man die rechte Schulter leicht mit nach vorne strecken, dabei bleiben die Schulter und der Ellenbogen locker hängen.

Der Abstand zwischen den beiden Fersen bei der *Schützestellung* beträgt etwa 10 cm.

In der Schlußposition steht man mit aufrechtem Oberkörper in Richtung Osten.

22. Folge

Verschließen
Ru-Feng Si-Bi

1. Schritt

Abb. 213

Abb. 214

Abb. 215

Man versetzt sich nach hinten, verlagert damit das Gewicht auf den rechten Fuß und hebt die linke Fußspitze an.

Gleichzeitig führt man die linke Hand mit nach oben zeigender Innenseite unter den rechten Ellenbogen und schiebt sie unter dem rechten Unterarm ganz sanft nach vorne, wobei man die rechte Faust öffnet. Gleichzeitig dreht man die rechte Handfläche nach oben. Nun führt man beide Hände auseinander und bringt sie langsam zu den Rippenbögen zurück. Dabei werden die Hände gewendet, so daß die Handflächen schräg nach unten und die Fingerspitzen etwas schräg nach oben zeigen (Abb. 218).

Jetzt schaut man geradeaus.

2. Schritt

Abb. 216

Abb. 217

Abb. 218 Abb. 219

Man verlagert das Gewicht wieder auf den linken Fuß zurück, setzt die Fußspitze ab und bildet durch Beugung des linken Knies eine *Schützestellung*.

Gleichzeitig wendet man die beiden Handflächen vor der Brust nach unten, senkt sie zum Bauch und schiebt sie anschließend nach oben und vorne, bis die Handgelenke in Schulterhöhe kommen. Die Handflächen zeigen nach vorne und die Fingerspitzen nach oben.

Man schaut nach vorne.

Beim Zurückbewegen soll man den Oberkörper aufrecht halten und das Gesäß nicht nach hinten strecken. Beim Zurückziehen der Hände zum Körper, was gleichzeitig mit der Gewichtsverlagerung auf den rechten Fuß erfolgt, soll man die Ellenbogen etwas nach außen neben den Körper führen. Auf keinen Fall darf man die Arme in gerader Linie zurückziehen. Der Abstand der beiden vorwärts geschobenen Hände ist so groß wie die Schulterbreite.

In der Schlußposition steht man in Richtung Osten.

Anmerkung

23. Folge

Die Hände kreuzen
Shi-Zi-Shou

Abb. 220

Abb. 221

1. Schritt

Man setzt sich zurück, beugt das rechte Knie und verlagert damit das Gewicht langsam auf den rechten Fuß. Dabei dreht man den Körper nach rechts, die linke Fußspitze nach innen und dann die rechte Fußspitze ein wenig nach außen.

Während der Körperdrehung führt man die rechte Hand kreisförmig in Schulterhöhe seitwärts nach rechts, damit sie sich mit der linken Hand und den Armen mehr oder weniger in einer geraden Linie befindet. Die beiden Ellenbogen sind leicht in die Tiefe gebogen. Dabei wendet man die beiden Hände so, daß die Handflächen nach vorne und die Fingerspitzen zur Seite zeigen.

Anmerkung

Die linke Fußspitze soll man so weit wie möglich nach innen drehen, so daß sie genau nach Süden zeigt.

2. Schritt

Abb. 222

Abb. 223

Jetzt verlagert man das Gewicht allmählich auf den linken Fuß zurück, dreht die rechte Fußspitze nach innen und stellt den rechten Fuß nach links zurück. Die beiden Füße stehen dadurch in Schulterbreite nebeneinander auf einer Linie. Man streckt die Beine nach und nach so weit, daß man mit leicht gebeugten Knien dasteht.

Gleichzeitig führt man beide Hände kreisförmig am Bauch vorbei nach unten, dann weiter nach oben und kreuzt sie vor der Brust. Die linke Hand befindet sich zwischen der rechten Hand und dem Körper. Die Handgelenke sind in Schulterhöhe, und die beiden Handflächen zeigen nach innen zum Gesicht.

Man schaut nach vorne.

Wenn die Hände vor der Brust gekreuzt werden, werden die beiden Ellenbogen nur wenig gebeugt, so daß sie eine gewisse Rundung einnehmen und die beiden Hände eine Entfernung von ungefähr 30 cm zum Körper haben. Dabei wird die Schulter hängengelassen, und die beiden Oberarme werden etwas seitlich vom Körper weggeführt, als ob man unter der Achsel einen Tennisball halten würde.

Abb. 224

Anmerkung

Der Oberkörper soll nicht nach vorne gebeugt werden. Beim Aufstehen bleibt der Körper natürlich aufrecht, und der Kopf darf weder nach hinten noch nach vorne geneigt sein.

In der Schlußposition steht man genau in Richtung Süden, und zwar ungefähr an der Stelle, wo man diese Übung begonnen hat.

24. Folge

Der Abschluß
Shou-Shi

Abb. 226

Abb. 227

Abb. 225

Man wendet die beiden Hände nach außen und läßt sie dabei mit nach unten zeigenden Handflächen und nach vorne gerichteten Fingerspitzen langsam nach unten fallen, bis sie sich neben den Hüften befinden.

Man schaut geradeaus.

<u>Anmerkung</u>

Während die Hände langsam nach unten neben die Hüfte fallen, entspannt man den ganzen Körper und atmet etwas länger aus, damit das *Qi* auch tief in das *Dan-Tian* (im Unterleib) fällt. In der Schlußposition befinden sich die Hände ganz natürlich locker neben den Hüften, die Handflächen zeigen etwas schräg nach innen hinten, und die beiden Ellenbogen werden auch ganz natürlich locker gelassen. Wenn die Atmung wieder gleichmäßig geworden ist, stellt man den linken Fuß direkt neben den rechten. Nun kann man die Übung des *Tai-Ji-Quan* mit einem kleinen Spaziergang bzw. ein paar Rundgängen im Raum zur allgemeinen Erholung abschließen.

24. Folge

Abb. 228

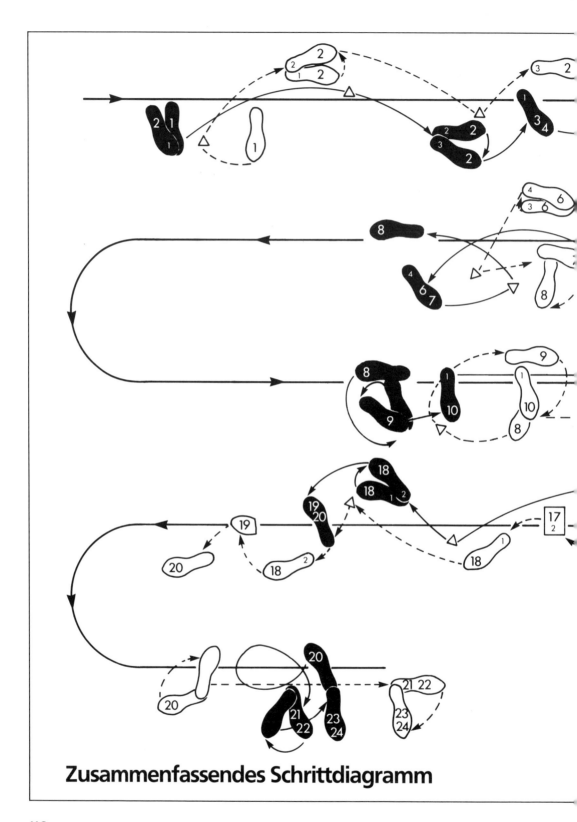

Zusammenfassendes Schrittdiagramm

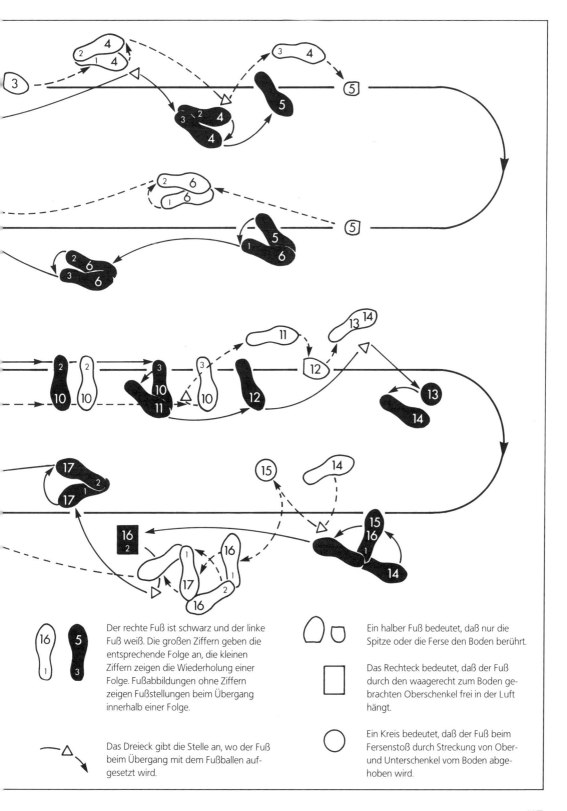

Literatur

1. **Chen, Gu-Ying,** Lao-Zi Zhu-Yi Ji Ping-Jie, (Übersetzung und Interpretation von Lao-Zi „Tao-Te-King" mit Anmerkungen und Rezensionen), Zhong-Hua Shu-Ju (China-Verlagsbuchhandlung), Peking 1984
2. **China im Aufbau** (Herausgeber), „Schattenboxen" leicht gemacht, Peking 1983
3. **Gu, Liu-Sheng,** Zen-Yang Lian-Xi Tai-Ji-Quan (Wie lernt man Tai-Ji-Quan), Ren-Min Chu-Ban-She (Volks-Verlag), Shanghai 1974
4. **Gu, Liu-Sheng,** Tai-Ji-Quan-Shu (Die Kunst des Tai-Ji-Quan), Jiao-Yu Chu-Ban-She (Erziehungs-Verlag), Shanghai, 1982
5. **Ma, You-Qing und Wu, Tu-Nan,** Tai-Ji-Quan Zhi Yan-Jiu (Das Studium des Tai-Ji-Quan), The Commercial Press, Hongkong, 1986
6. **Men, Hui-Feng und Ning, Zhen,** Si-Shi-Ba-Shi Tai-Ji-Quan Ru-Men (Einführung ins Tai-Ji-Quan mit 48 Folgen), Ke-Xue Ji-Shu Chu-Ban-She (Verlag für Wissenschaft und Technik), He-Fei, 1986
7. **Shen, Shou,** Tai-Ji-Quan-Fa Yan-Jiu (Das Studium über den Weg des Tai-Ji-Quan) Ren-Min Chu-Ban-She (Volks-Verlag), Fu-Zhou, 1984
8. **Zhou, Ren-Feng,** Tai-Ji-Quan Chang-She (Allgemeines Wissen über Tai-Ji-Quan),Ren-MinTi-YuChu-Ban-She(Volkssport-Verlag),Peking1978
9. **Zhuo, Da-Hong,** Yi-Liao Ti-Yu Chang-She (Allgemeines Wissen der Physiotherapie zur Behandlung von chronischen Krankheiten), Ren-Min Ti-Yu Chu-Ban-She (Volkssport-Verlag), Peking 1976
10. **Zhong-Hua Ren-Min-Gong-He-Guo Ti-Yu Yun-Dong Wei-Yuan-Hui,** (Sportkomitee der Volksrepublik China), Tai-Ji-Quan Yun-Dong (Tai-Ji-Quan-Sport), Ren-Min Ti-Yu Chu-Ban-She (Volkssport-Verlag), Peking 1981
11. **Bei-Jing Wai-Guo-Yu Xue-Yuan De-Yu-Xi,** (Deutsche Fakultät der Akademie für Fremdsprachen, Peking), Xin Han-De Ci-Dian (Neues Deutsch-Chinesisches Wörterbuch), Shan-Wu Yin-Shu-Guan (The Commercial Press), Peking 1985
12. **Huang, Bo-Qiao u. a.,** Deutsch-Chinesisches Standard-Handwörterbuch, Join Publishing Co., Hongkong 1979

Register

A
Alter Rahmen   10
An   67
An-Bewegung   67
Atmung, natürliche   28
Atmungssystem   16
Auf einem Bein stehen, links   91 ff.
Ausdauer   34

B
Ballhaltung   40, 69, 99, 101
Bandscheiben   31
Bauch   30
Bauchatmung   16
Belastung   35
Bewegungen des Tai-Ji-Quan   23
Bewegungsapparat   18
Brust   29 f.

C
Chen-Stil   10
Chen Wang-Ting   9

D
Da-Jia   10
Dan-Tian   19 ff., 26, 28, 30, 114
Dao   22
Das Knie streifen   47 ff.
Das Lautespiel   52 f.
Das Webschiffchen schleudern   99 ff.
Den Spatzenschwanz fangen, links   61 ff.
Den Spatzenschwanz fangen, rechts   68 ff.
Der Abschluß   114
Der Beginn   37 ff.
Der drehende Schritt   47 ff.
Der rechte Fersenstoß   82 f.
Die Arme wie Fächer ausbreiten   104 f.
Die Hände kreuzen   112 f.

Die Mähne des Wildpferdes teilen   40 ff.
Die Nadel auf dem Meeresboden   98
Die Ohren des Gegners schlagen   85 f.
Die Peitsche   72 ff., 79 f., 91
Die Wolkenhände   74 ff.
Dreizehn Formen   9

F
Fülle   27, 32

G
Gesäß   30
Geschwindigkeit   34 f.
Gou-Shou   73
Großer Rahmen   10

H
Hakenhand   73, 79, 91, 95 f.
Han   30
Hinuntersteigen und auf einem
   Bein stehen, links   91 ff.
Hinuntersteigen und auf einem
   Bein stehen, rechts   96 ff.
Höhe des Körpers   35
Huo-Bu-Jia   11

J
Ji   65
Ji-Bewegung   65
Jing   26
Jing-Kraft   26, 29, 32

K
Kleiner Rahmen   10
Kopf   29
Kreislaufsystem   16 f.
Kyphose   18

L

Lao-Jia 10
Leere 27, 32
Leerer Schritt 46, 52, 81, 103
Lende 30
Lendenwirbelsäule 30 f.
Lordose 18
Lü 64
Lü-Bewegung 64

M

Meditation 19 ff.
Mittlerer Rahmen 10

N

Nervensystem 14 f.

O

Obere Extremitäten 33

P

Peking-Form 12, 35 f.
Peng 63

Q

Qi 19 ff., 114
Qi-Shi 24
Quan 8

R

Rahmen des beschwingten Schrittes 11
Rücken 29 f.

S

Schützestellung 32, 41 ff., 45, 63 f., 74,
   82, 86, 100, 102, 104, 109, 111
Shi 27
Spatzen-Schwanz fangen, links 61
Spatzen-Schwanz fangen, rechts 68
Sun-Stil 11

T

Tai-Chu 8
Tai-Ji 8
Tai-Ji-Figur 32
Tai-Ji-Monade 8
Tui-Shou 15

U

Umdrehen und der linke Fersenstoß 87 ff.
Umdrehen, abwehren und zustoßen 106 ff.
Untere Extremitäten 32

V

Verdauungssystem 17
Verschließen 110 f.

W

Wang Zong-Yue 9
Wirbelkörper 30
Wu-Stil 11 f.

X

Xiao-Jia 10
Xü 27

Y

Yang 8, 19 ff.
Yang-Stil 10 f.
Yin 8, 19 ff.

Z

Zhong-Jia 10
Zurückschreiten und Arme wirbeln 54 ff.
Zwerchfellatmung 16 f.